Deutsch mit Olli

Fibel
Arbeitsheft
START
mit Grundschrift-Lehrgang

erarbeitet von
Silke Bergmann
Diana Feldmeier
Sabine Pfitzner-Kierzek
Kati Steinecke
Gabriele Stoll
Stefanie Stroh
Anja Tiedje
Annett Zilger

mit Illustrationen von
Manuela Ostadal
Petra Eimer (Papageien)

 Deine interaktiven Gratis-Übungen findest du hier:

1. Gehe auf scook.de.
2. Gib den unten stehenden Zugangscode in die Box ein.
3. Hab viel Spaß mit deinen Gratis-Übungen.

Dein Zugangscode auf
www.scook.de | 65efg-vo5k5

Cornelsen

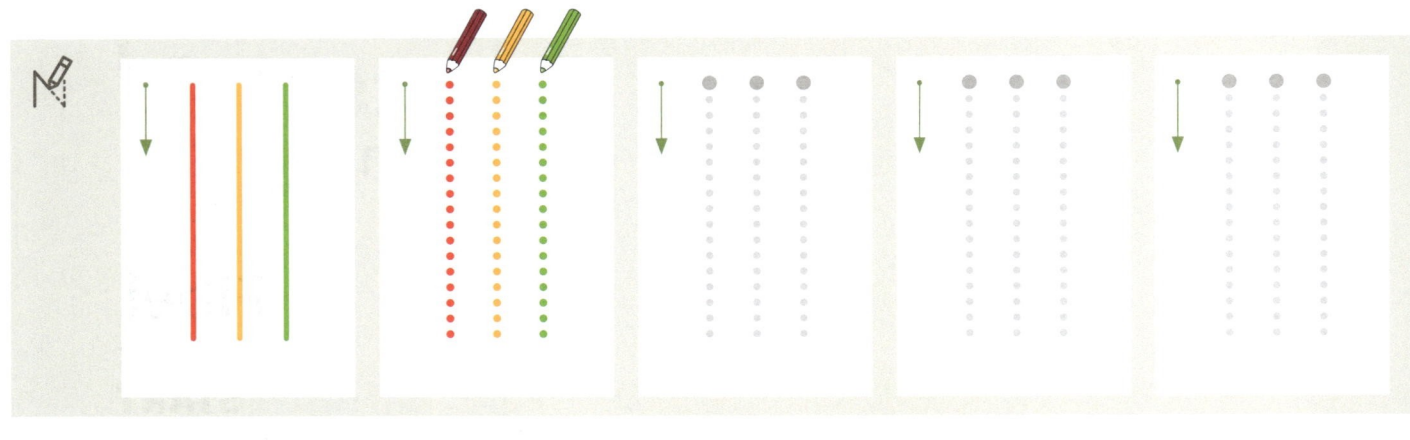

oben senkrechte Linien von oben nach unten in Rot, Gelb und Grün nachspuren
Mitte waagerechte Linien von links nach rechts blau nachspuren
unten gepunktete Anteile der Diagonalen (aufwärts und abwärts) rot nachspuren (Wendepunkte beachten)

oben Seifenblasen (rund und oval) im Uhrzeigersinn blau nachspuren – weitere Seifenblasen ergänzen
unten Luftblasen (rund und oval) gegen den Uhrzeigersinn blau nachspuren – weitere Luftblasen ergänzen

3

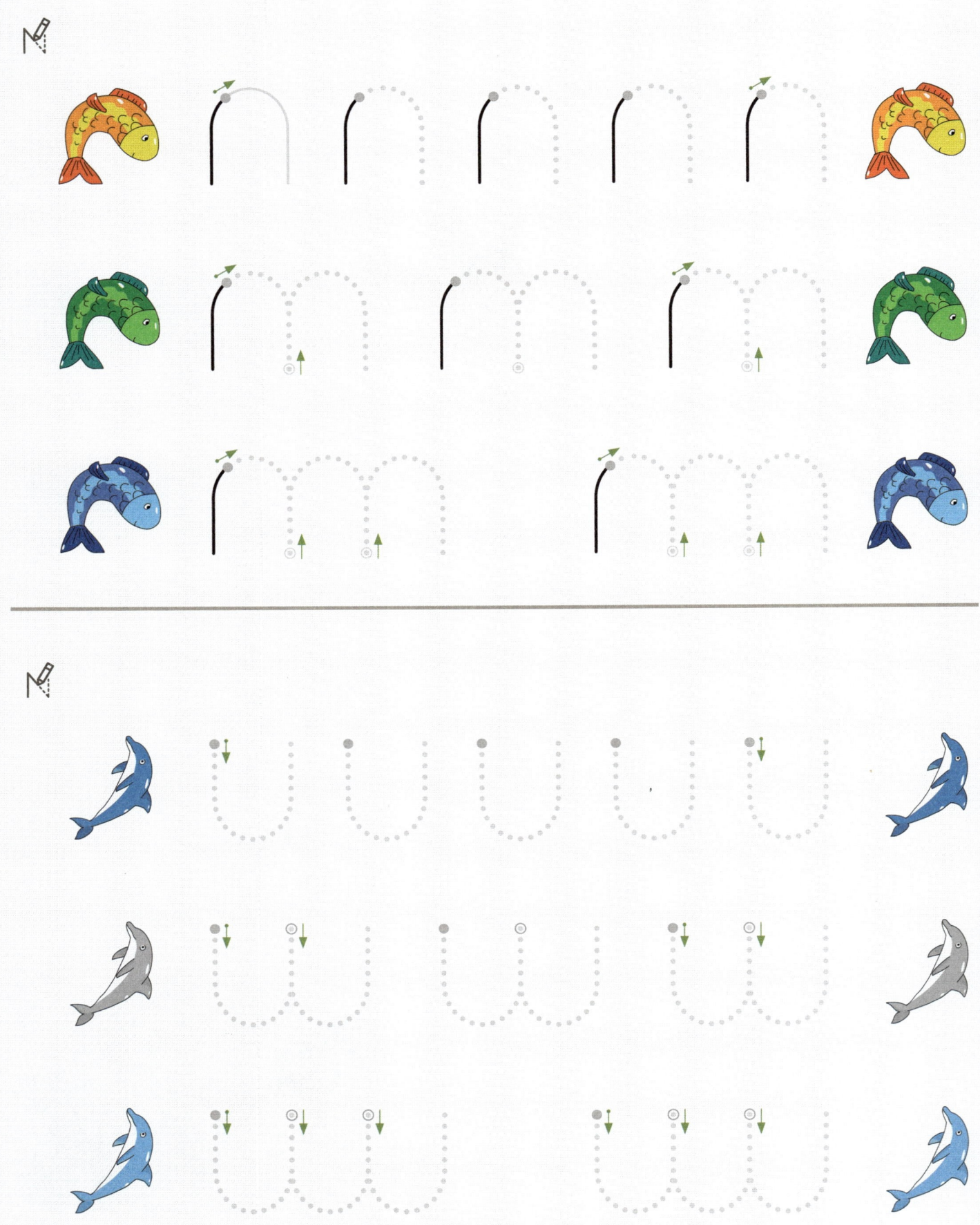

oben einfache, doppelte und dreifache Arkaden blau ergänzen/nachspuren – Ansatzpunkt und Wendepunkte beachten
unten einfache, doppelte und dreifache Girlanden blau nachspuren – Ansatzpunkt und Wendepunkte beachten

oben/unten Ausgangsbegriff (links) und Auswahlbegriffe (rechts) innerhalb eines Feldes benennen, deutlich sprechen und abhören – Reimwörter miteinander verbinden

5

M

L

S

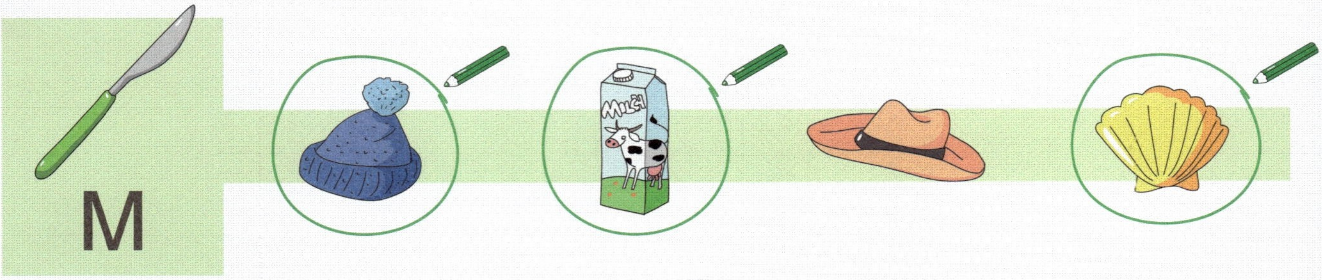

M

L

S

oben Anlautbegriffe zu M, L und S benennen, Anlaute abhören – Lautgebärden dazu kennenlernen – Buchstabenform kennenlernen, beschreiben
unten Anlaute der „Lautbilder" (links) ermitteln – Auswahlbegriffe auf identischen Anlaut abhören – Begriffe mit gleichem Anlaut grün (für Konsonanten) einkreisen

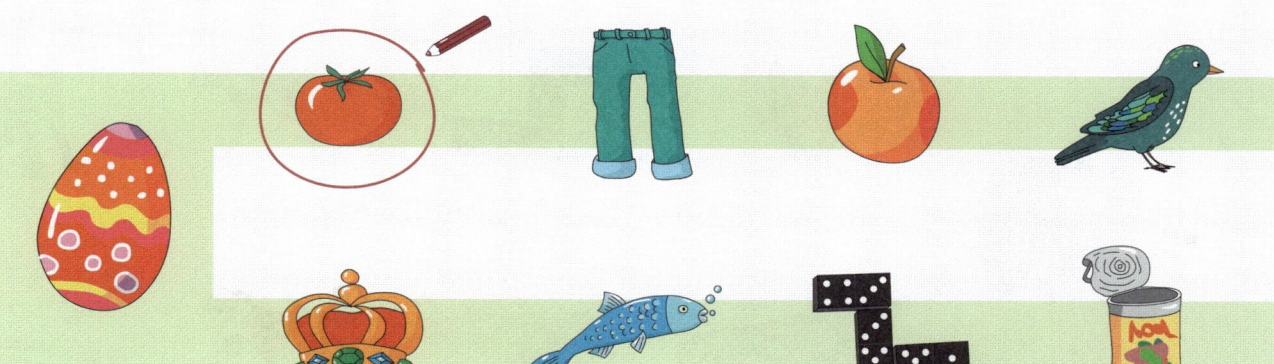

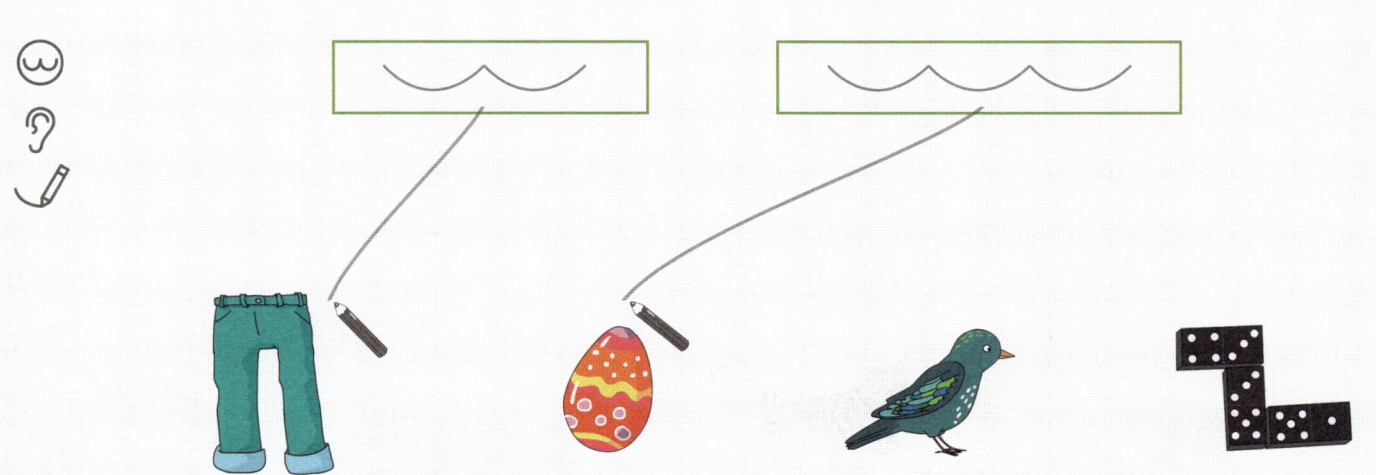

oben Anlautbegriff benennen, Anlaut /o/ abhören – Lautgebärde kennenlernen – Buchstabenform kennenlernen, beschreiben – ggf. auf die Kapitänsmütze als Symbol für besondere Buchstaben eingehen – Begriffe, in denen ein /o/ klingt, rot einkreisen – **Mitte** großes und kleines O/o in den Zeichenreihen suchen und rot (für Vokale/Kapitäne) einkreisen – **unten** Silbenbögen in den Feldern kennenlernen – Begriffe sprechen und Silben schwingen – Silbenanzahl ermitteln – Begriff mit passendem Silbenfeld verbinden

I i

I TIFFJITLItIHL

i ütic!iüïaiaiït

oben Anlautbegriff benennen, Anlaut /i/ abhören – Lautgebärde kennenlernen – Buchstabenform kennenlernen, beschreiben – ggf. auf die Kapitänsmütze als Symbol für besondere Buchstaben eingehen – Begriffe, in denen ein /i/ klingt, rot einkreisen
Mitte großes und kleines I/i in den Zeichenreihen suchen und rot einkreisen
unten Begriffe sprechen und Silben schwingen – Silbenanzahl ermitteln – Begriff mit passendem Silbenfeld verbinden

A a

A

FAHΛΛΑVΑ∃VΑHΑ

a

oaΩacaɓaɔoaca

oben Anlautbegriff benennen, Anlaut /a/ abhören – Lautgebärde kennenlernen – Buchstabenform kennenlernen, beschreiben – ggf. auf die Kapitänsmütze als
Symbol für besondere Buchstaben eingehen – Begriffe, in denen ein /a/ klingt, rot einkreisen
Mitte großes und kleines A/a in den Zeichenreihen suchen und rot einkreisen
unten Begriffe sprechen und Silben schwingen – Silbenanzahl ermitteln – Begriff mit passendem Silbenfeld verbinden

9

E e

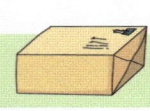

E   CHE⅃EI∃EmFE∃

e   eɑφⱺoɑeɘɑeɘc

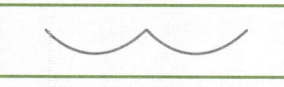   

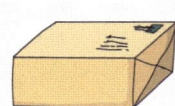

oben Anlautbegriff benennen, Anlaut /e/ abhören – Lautgebärde kennenlernen – Buchstabenform kennenlernen, beschreiben –
ggf. auf die Kapitänsmütze als Symbol für besondere Buchstaben eingehen – Begriffe, in denen ein /e/ klingt, rot einkreisen
Mitte großes und kleines E/e in den Zeichenreihen suchen und rot einkreisen
unten Begriffe sprechen und Silben schwingen – Silbenanzahl ermitteln – Begriff mit passendem Silbenfeld verbinden

  # U u

 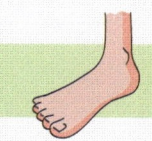

U U O U N U Λ U A O U V

u o a u n u v c a n u v c u

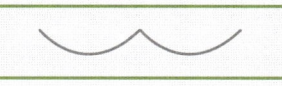 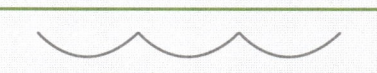

oben Anlautbegriff benennen, Anlaut /u/ abhören – Lautgebärde kennenlernen – Buchstabenform kennenlernen, beschreiben – ggf. auf die Kapitänsmütze als Symbol für besondere Buchstaben eingehen – Begriffe, in denen ein /u/ klingt, rot einkreisen
Mitte großes und kleines U/u in den Zeichenreihen suchen und rot einkreisen
unten Begriffe sprechen und Silben schwingen – Silbenanzahl ermitteln – Begriff mit passendem Silbenfeld verbinden

11

oben Einführung: Jede Silbe / Jeder Silbenbogen ist ein „Silbenboot" – Silbenbögen (flacher werdend) nachspuren und selbst zeichnen
Mitte Zwei- und Dreisilber: Begriffe sprechen und Silben schwingen („sprechschwingen") – jeweils passende Anzahl von Silbenbögen darunterzeichnen
unten Ein- und Dreisilber: Begriffe sprechschwingen – jeweils passende Anzahl von Silbenbögen darunterzeichnen

O o I i A a

E e U u

O o   I i   A a   E e   U u

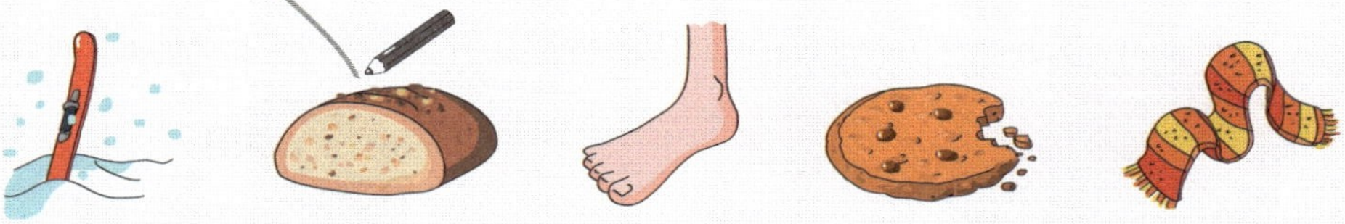

o   i   a   e   u

   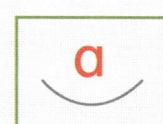 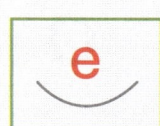 

oben Einführung „Silbenkapitäne" (Vokale): Jedes „Silbenboot" braucht einen „Kapitän" – „Kapitäne" nennen wir diese besonderen Buchstaben/Laute (Wiederholung aller Vokale und der dazugehörigen Anlautbilder) – Welcher „Kapitän" klingt in welchem Wort? – Begriffe mehrfach gedehnt sprechen und abhören – „Silbenboote" mit dem jeweils passenden Begriff verbinden
unten Laut-Buchstaben-Zuordnung anhand der Anlautbilder oben wiederholen – Begriffe unten benennen und mit den passenden „Silbenbooten" verbinden

M	i	l	a

M	i	l	o

M	i	l	

M	i	l	

zu FS 4 – oben Namen der Fibelkinder *Mila* und *Milo* benennen – Anlautbilder benennen und Anlaute heraushören – Kindernamen mithilfe der Anlautbilder sukzessive Laut für Laut erlesen – Unterschiede am Wortende herausarbeiten – Endbuchstaben einkreisen
unten Kinder benennen – abgebildete Buchstaben auf den Kärtchen benennen – Lückenwort erlesen – passendes Buchstabenkärtchen mit der Lücke verbinden

zu FS 4 – oben *Milo* erlesen – Lückenwort erlesen – fehlende Buchstaben/Laute ermitteln und mit den passenden Buchstabenkärtchen verbinden –
optional: vollständigen Namen durch Zuordnung der Buchstabenkärtchen „schreiben"
unten *Mila* erlesen – Lückenwort anschauen – fehlende Buchstaben/Laute ermitteln und jeweils mit dem passenden Buchstabenkärtchen verbinden –
optional: vollständigen Namen durch Zuordnung der Buchstabenkärtchen „schreiben"

15

zu FS 5 – oben *Mila* mehrfach sprechschwingen – Einzelsilben auf Milas Zetteln erlesen und mit den passenden leeren Silbenfeldern verbinden
unten *Milo* mehrfach sprechschwingen – Einzelsilben auf Milos Zetteln erlesen und mit den passenden leeren Silbenfeldern verbinden

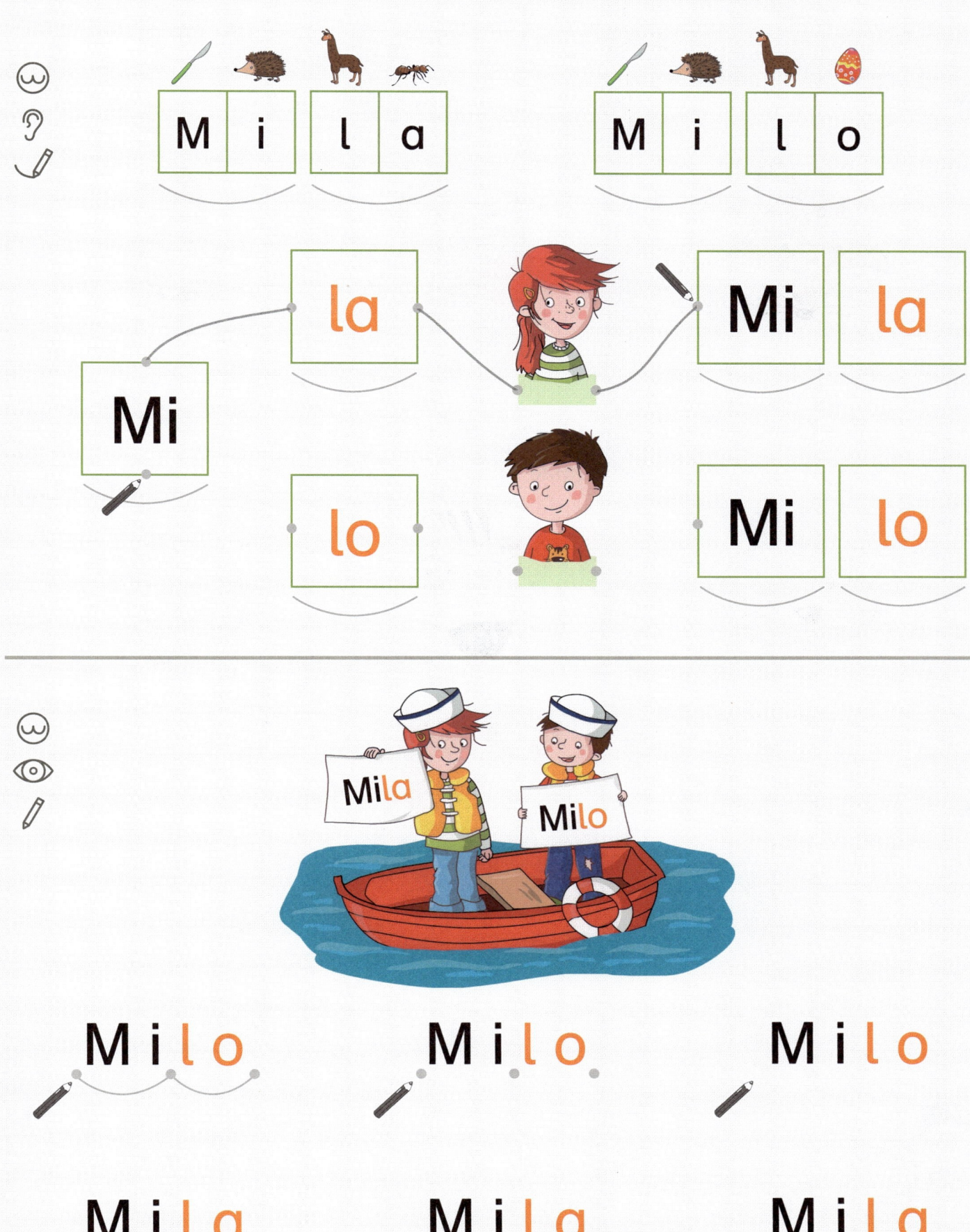

Mila

Milo

Mi — la

Mi

lo

Mi — la

Mi — lo

Milo   Milo   Milo

Mila   Mila   Mila

zu FS 5 – oben Einzelsilben von *Mila* und *Milo* mehrfach lautieren und sprechschwingen – Einzelsilben links erlesen –
zusammengehörige Silbenfelder miteinander, mit passender Abbildung und passendem Namen verbinden
unten *Mila* und *Milo* mehrfach sprechschwingen – Silbenbögen unter den Namen nachspuren bzw. selbst zeichnen

17

zu FS 6/7 – oben Formübung M: fehlende Tierohren mit mehreren Farben wie vorgegeben ergänzen
Mitte weißes M mit mehreren Farben nachspuren – graue M einmal nachspuren – Feld mit weiteren M füllen – Schreibansatzpunkt und Richtungspfeile beachten – **unten Einführung Lineaturhäuschen:** siehe Handreichung – graue M nachspuren und Restzeilen mit weiteren M füllen – auf Abstand und richtige Positionierung innerhalb der Lineatur achten

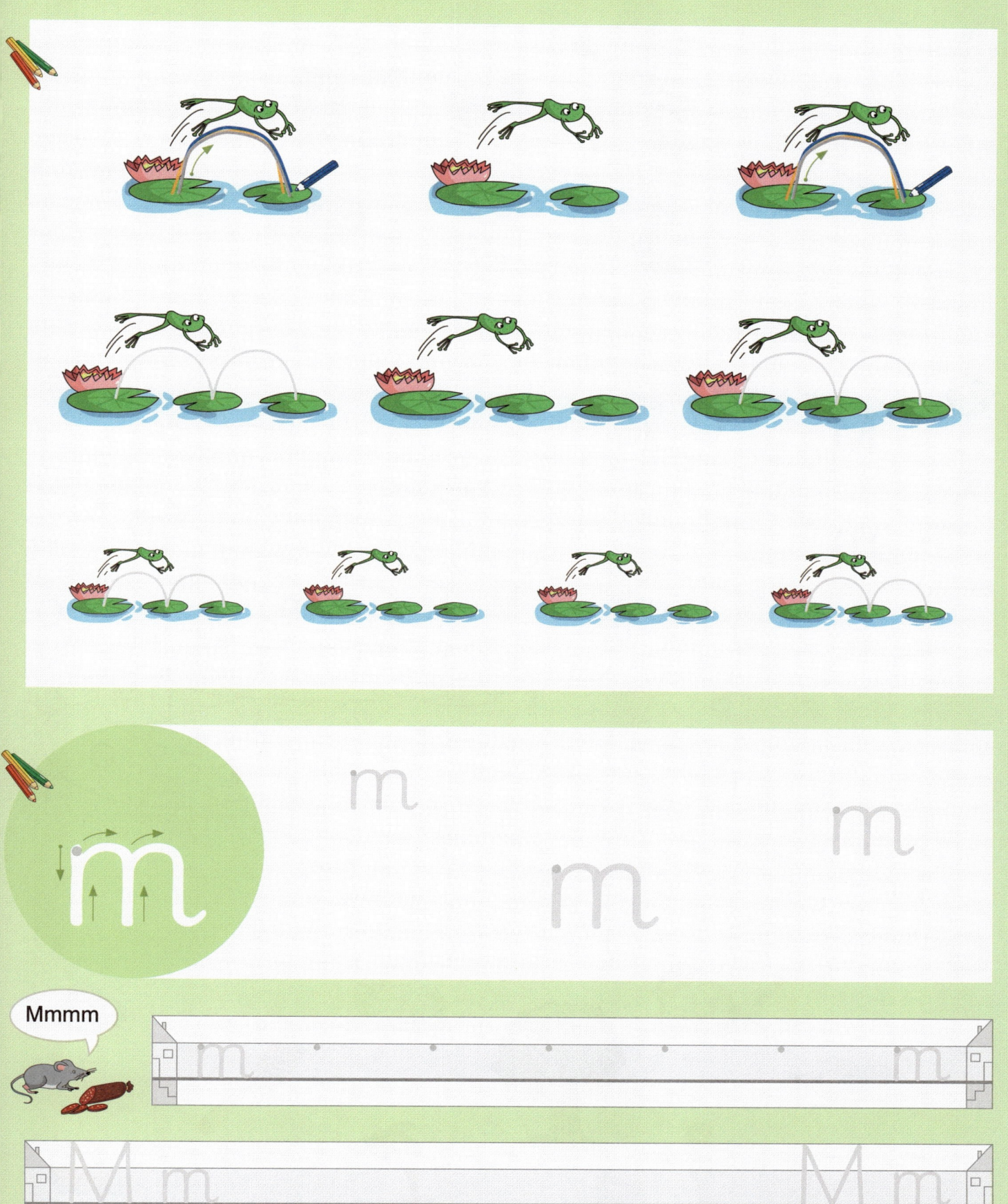

m m m

m m

Mmmm

m m

M m M m

zu FS 6/7 – oben Formübung m: Hüpfbogen des Frosches mit mehreren Farben wie vorgegeben nachspuren
Mitte weißes m mit mehreren Farben nachspuren – graue m einmal nachspuren – Feld mit weiteren m füllen – Schreibansatzpunkt und Richtungspfeile beachten – **unten** graue m bzw. M m im Wechsel nachspuren und Restzeilen mit weiteren m bzw. M m füllen – auf Abstand und richtige Positionierung innerhalb der Lineatur achten

19

1

2

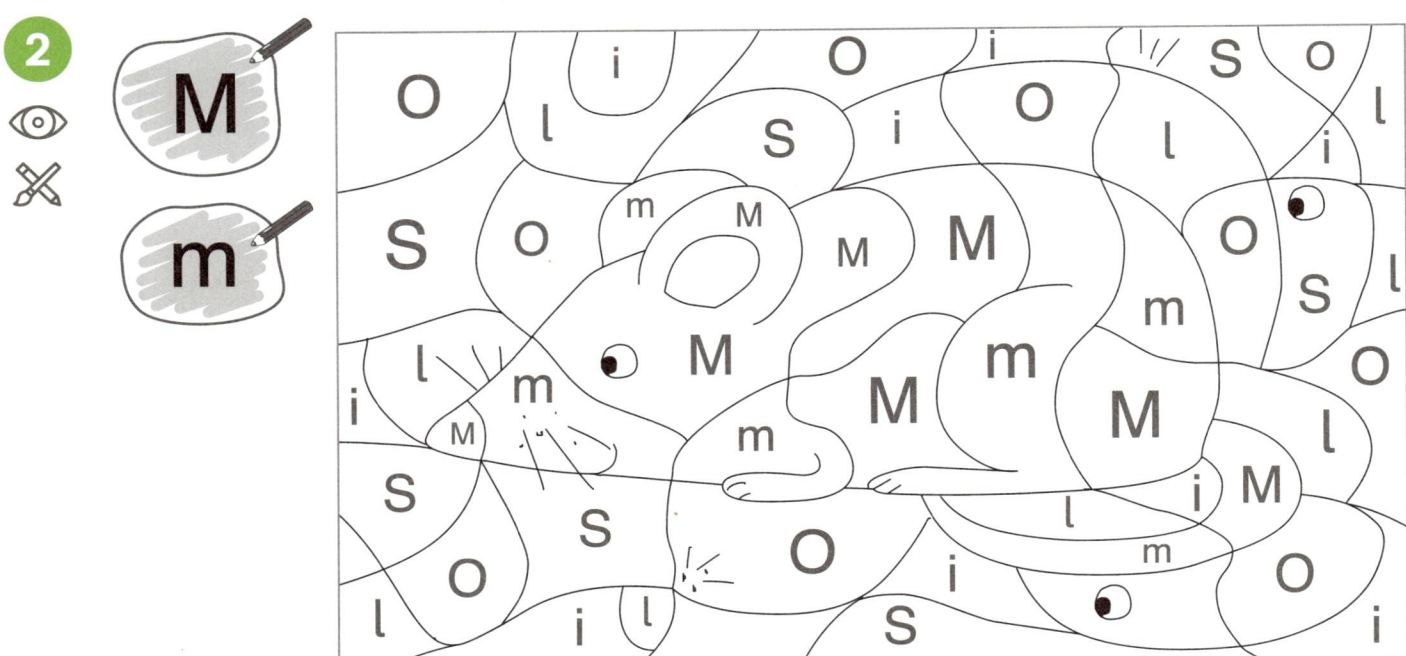

3

zu FS 6/7 – 1. *Lautbild Messer* und abgebildete Begriffe benennen – Begriffe nach dem /m/-Laut abhören und grün einkreisen, wenn er im Wort klingt
2. alle Felder mit M oder m grau ausmalen (Lösungsbild: Maus)
3. Begriffe benennen, mehrfach sprechen und abhören – Reimpaare miteinander verbinden

	i	a	o
M	Mi	Ma	Mo
m	mi	ma	mo

| a | i | a | | a | i | | o | o | i |

zu FS 6/7 – 4. *Lautbild Messer* und abgebildete Begriffe benennen – Begriffe danach abhören, ob der /m/-Laut am Wortanfang (im Anlaut) klingt – weiße
Anlautfelder unter diesen Begriffen grün ankreuzen – 5. Wdh. der „Silbenkapitäne" (Vokale) aus dem Vorkurs – Einführung der „Matrosen" (Konsonanten),
die der „Kapitän" auf das Boot holt – Einführung Silbenteppich (Orientierung) – mehrfaches „Zusammenschleifen" von M mit i, a, o (mit Fingerzeig auf Felder)
6. Begriff benennen, mehrfach sprechen und Silben schwingen – „Kapitäne" darunter benennen und mit dem passenden Silbenbogen verbinden

zu FS 8/9 – oben Formübung l: fehlende Angelschnur mit mehreren Farben wie vorgegeben ergänzen
Mitte weißes l mit mehreren Farben nachspuren – graue l einmal nachspuren – Feld mit weiteren l füllen – Schreibansatzpunkt und Richtungspfeil beachten
unten graue l nachspuren und Restzeilen mit weiteren l füllen – auf Abstand und richtige Positionierung innerhalb der Lineatur achten

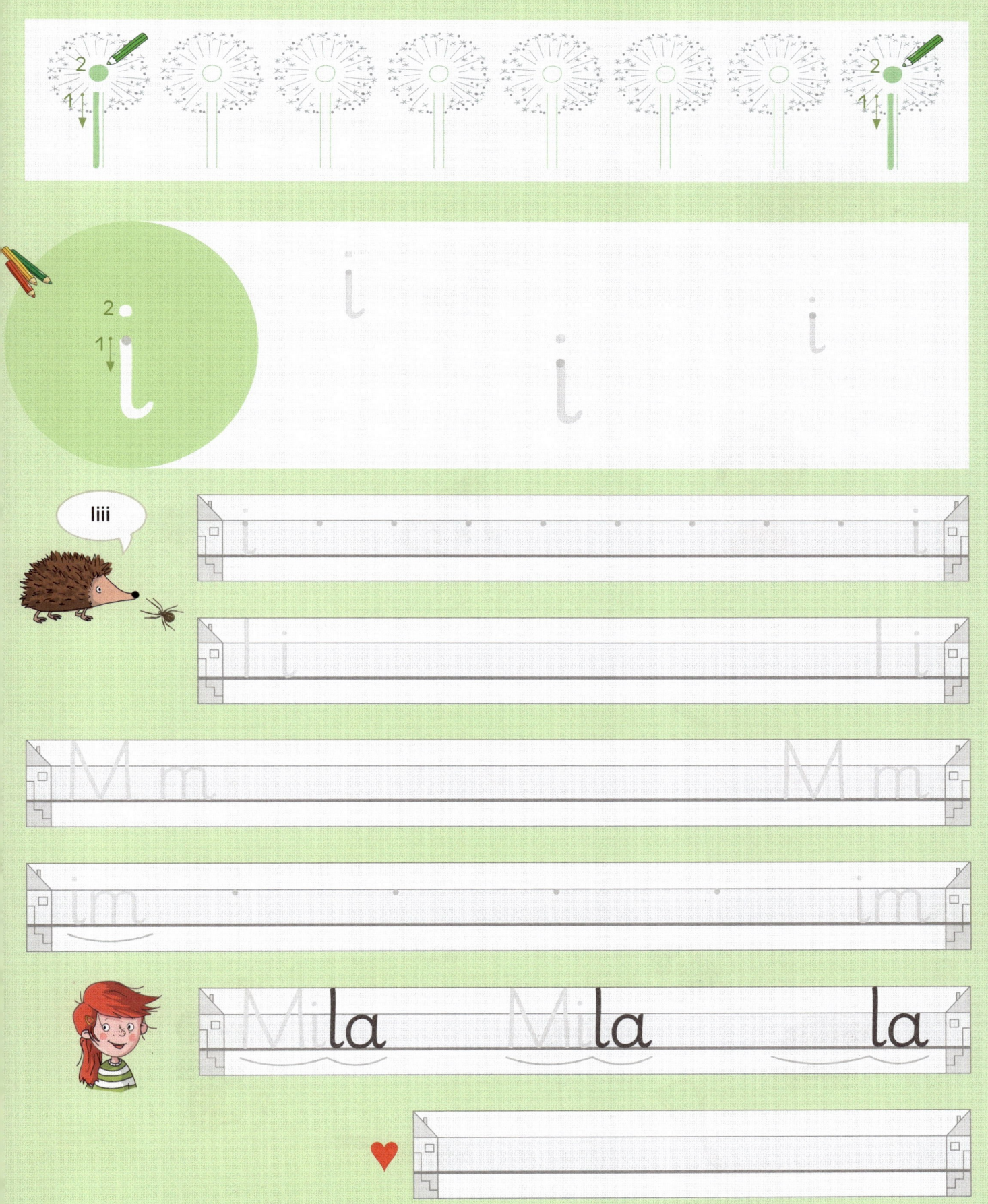

liii

Mila Mila la

zu FS 8/9 – oben Formübung i: Pusteblumen-Elemente wie vorgegeben nachspuren bzw. ergänzen – weißes i mit mehreren Farben nachspuren –
graue i einmal nachspuren – Feld mit weiteren i füllen – Schreibansatzpunkt und Richtungspfeile beachten
Mitte alle grauen Vorgaben (i, I i, M m, im) nachspuren und Restzeilen entsprechend füllen – auf Abstand und richtige Positionierung innerhalb der Lineatur
achten – **unten** Namen *Mila* erlesen, Silben schwingen und erste Silbe nachspuren bzw. ergänzen – *optional*: Lieblingsbuchstaben/-wörter aufschreiben

23

1

2

3

zu FS 8/9 – 1. *Lautbild Igel* und abgebildete Begriffe benennen – Begriffe nach dem langen /i/-Laut abhören und rot einkreisen, wenn er im Wort klingt
2. Begriff benennen, mehrfach sprechen und Silben schwingen – „Kapitäne" darunter benennen und mit dem passenden Silbenbogen verbinden
3. Begriffe benennen, mehrfach sprechen und abhören – Reimpaare miteinander verbinden

 I i

4

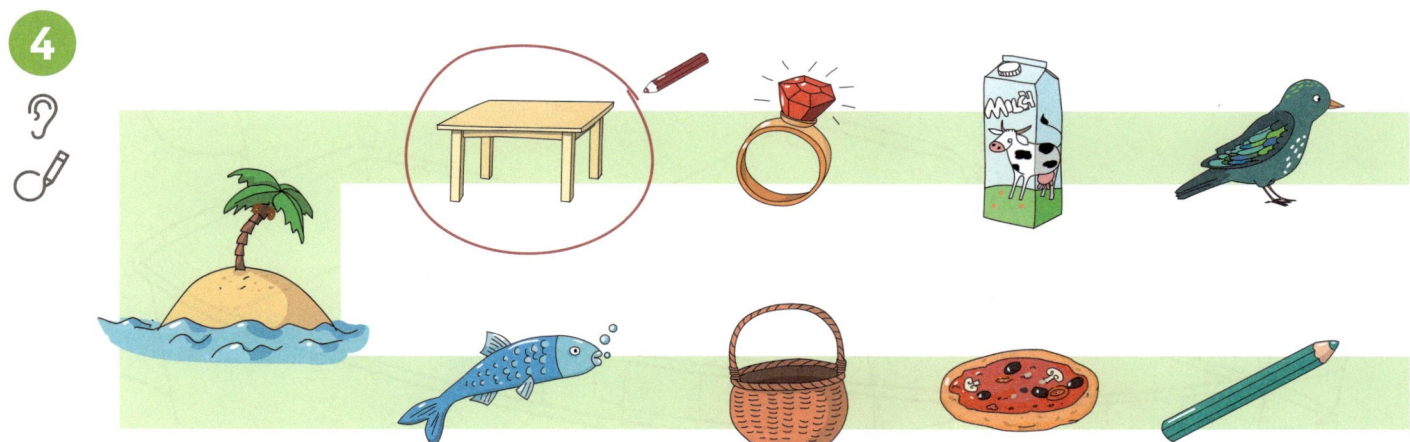

5

6

Mila
Milo
Olli
Ela
Emil

zu FS 8/9 – 4. *Lautbild Insel* und abgebildete Begriffe benennen – Begriffe nach dem kurzen /i/-Laut abhören und rot einkreisen, wenn er im Wort klingt
5. Felder mit I orange, Felder mit i hellgrün ausmalen (Lösungsbild: Igel)
6. Begriffe benennen, mehrfach sprechen und abhören – Reimpaare miteinander verbinden

zu FS 10/11 – oben Formübung O: Bootsluken mit mehreren Farben wie vorgegeben nachspuren

Mitte weißes O mit mehreren Farben nachspuren – graue O einmal nachspuren – Feld mit weiteren O füllen – Schreibansatzpunkt und Richtungspfeil beachten – **unten** graue O nachspuren und Restzeilen mit weiteren O füllen – auf Abstand und richtige Positionierung innerhalb der Lineatur achten – Wort *Omi* erlesen, Silben schwingen – Wort nachspuren bzw. ergänzen

Oooo

zu FS 10/11 – oben Formübung o: Froschbauch wie vorgegeben nachspuren bzw. ergänzen – weißes o mit mehreren Farben nachspuren – graue o einmal
nachspuren – Feld mit weiteren o füllen – Schreibansatzpunkt und Richtungspfeil beachten
Mitte alle grauen Vorgaben (o, O o, mo) nachspuren und Restzeilen entsprechend füllen – auf Abstand und richtige Positionierung innerhalb der Lineatur achten –
unten *optional:* Lieblingsbuchstaben/-wörter aufschreiben

27

  O o

1

2

| a | o | | o | a | o | | i | o | o |

3

zu FS 10/11 – 1. *Lautbild Osterei* und abgebildete Begriffe benennen – Begriffe nach dem langen /o/-Laut abhören und rot einkreisen, wenn er im Wort klingt
2. Begriff benennen, mehrfach sprechen und Silben schwingen – „Kapitäne" darunter benennen und mit dem passenden Silbenbogen verbinden
3. Begriffe benennen und mehrfach sprechen und abhören – Reimpaare miteinander verbinden

O o

4

5

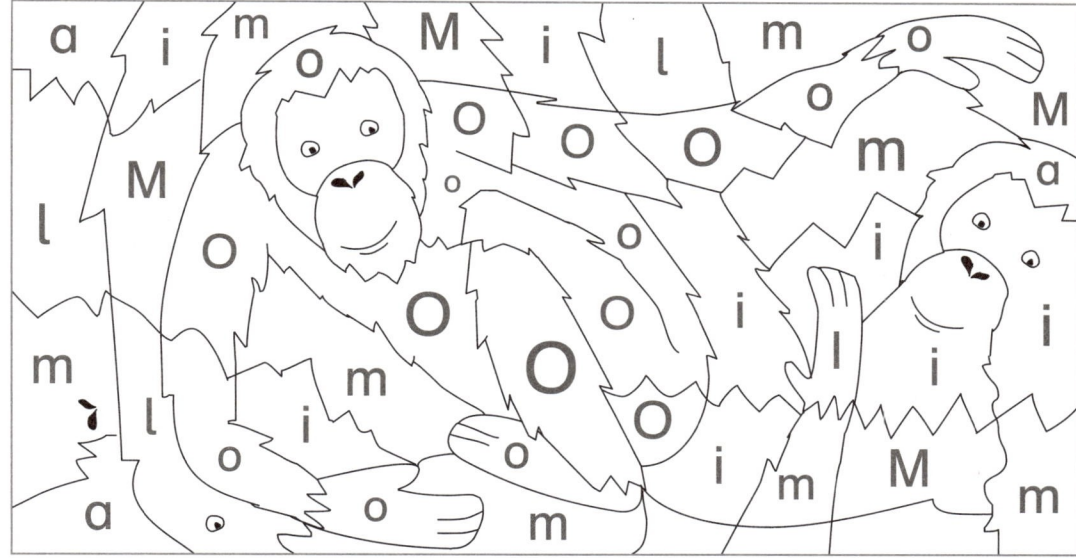

6

zu FS 10/11 – 4. *Lautbild Ordner* und abgebildete Begriffe benennen – Begriffe nach dem kurzen /o/-Laut abhören und rot einkreisen, wenn er im Wort klingt
5. Felder mit O hellbraun ausmalen (Lösungsbild: Orang-Utan)
6. Begriffe benennen, mehrfach sprechen und abhören – Reimpaare miteinander verbinden

29

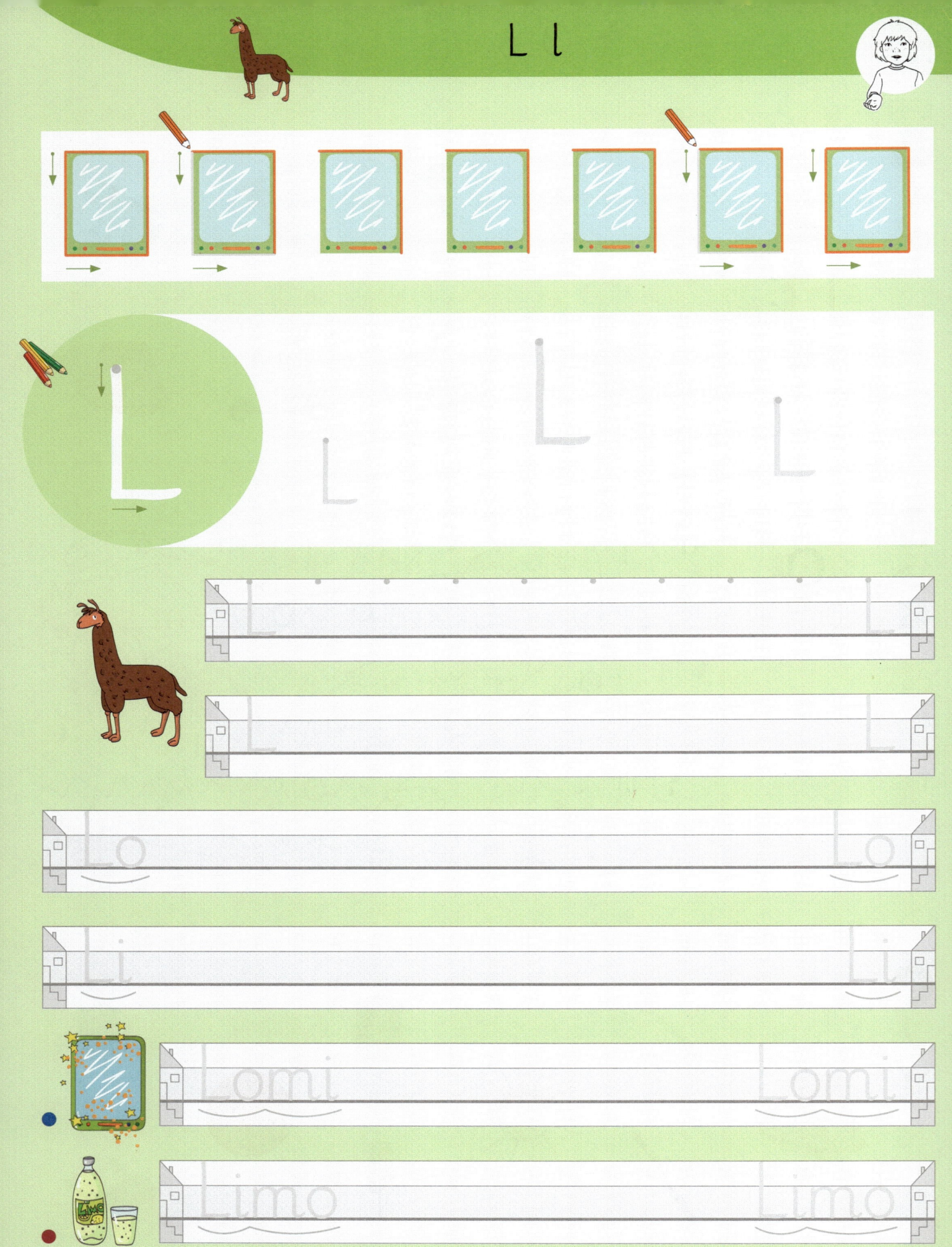

L l

zu FS 12/13 – oben Formübung L: fehlende Konturen im *Lomi* wie vorgegeben nachspuren bzw. ergänzen
Mitte weißes L mit mehreren Farben nachspuren – graue L einmal nachspuren – Feld mit weiteren L füllen – Schreibansatzpunkt und Richtungspfeil
beachten – alle grauen Vorgaben nachspuren und Restzeilen entsprechend füllen – auf Abstand und richtige Positionierung innerhalb der Lineatur achten
unten Wörter *Lomi* und *Limo* erlesen, Silben schwingen – Wörter nachspuren bzw. ergänzen

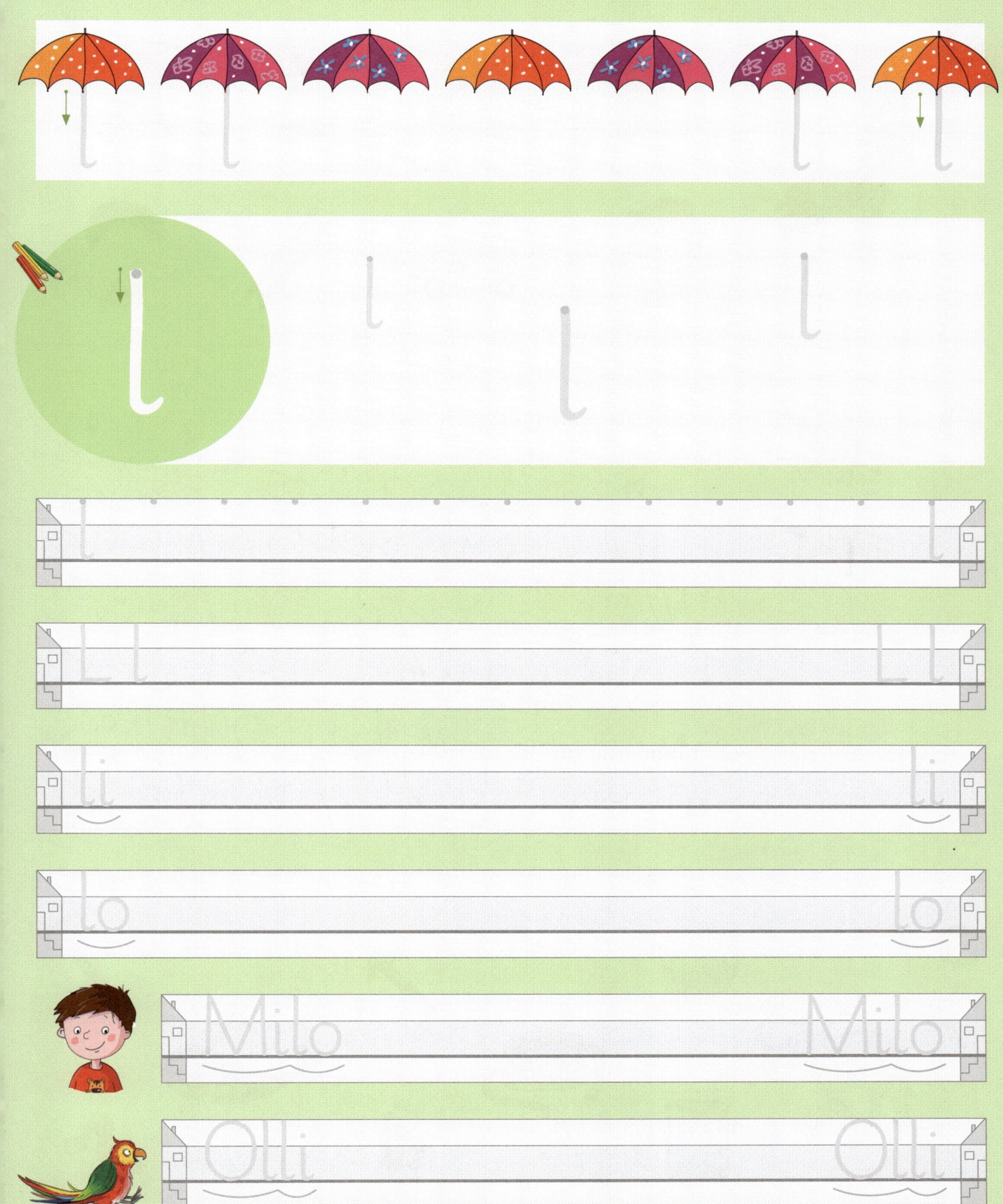

zu FS 12/13 – oben Formübung I: fehlende Regenschirmhalter wie vorgegeben nachspuren bzw. ergänzen
Mitte weißes I mit mehreren Farben nachspuren – graue I einmal nachspuren – Feld mit weiteren I füllen – Schreibansatzpunkt und Richtungspfeil beachten
– alle grauen Vorgaben nachspuren und Restzeilen entsprechend füllen – auf Abstand und richtige Positionierung innerhalb der Lineatur achten
unten Wörter *Milo* und *Olli* erlesen, Silben schwingen – Wörter nachspuren bzw. ergänzen

31

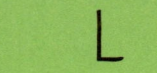

1

2

3

zu FS 12/13 – **1.** *Lautbild Lama* und abgebildete Begriffe benennen – Begriffe nach dem /l/-Laut abhören und grün einkreisen, wenn er im Wort klingt
2. Felder mit L braun, Felder mit l gelb ausmalen (Lösungsbild: Lama)
3. Begriffe benennen und mehrfach sprechen und abhören – Reimpaare miteinander verbinden

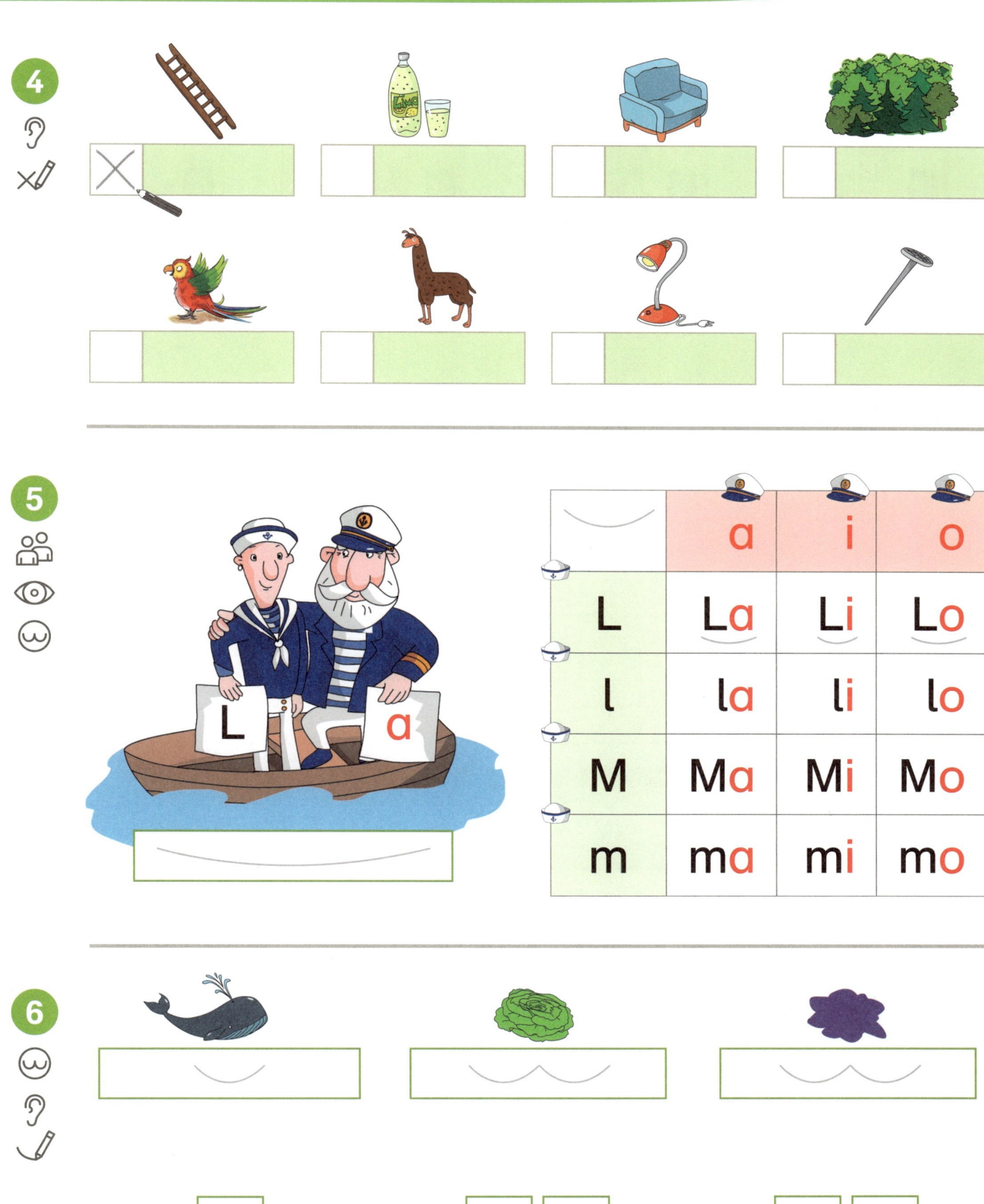

4

5

‿	a	i	o
L	La	Li	Lo
l	la	li	lo
M	Ma	Mi	Mo
m	ma	mi	mo

L a

6

a

a a

a i

zu FS 12/13 – 4. *Lautbild Lama* und abgebildete Begriffe benennen – Begriffe danach abhören, ob der /l/-Laut am Wortanfang (im Anlaut) klingt – weiße Anlautfelder unter diesen Begriffen ankreuzen – **5.** Wdh. „Silbenkapitäne" und „Matrosen" – Wdh. Silbenteppich (Orientierung) – Partnerarbeit: mehrfaches „Zusammenschleifen" von L mit a, i, o (mit Fingerzeig auf Felder – von oben nach unten, von links nach rechts und durcheinander) **6.** Begriff benennen, mehrfach sprechen und Silben schwingen – „Kapitäne" darunter benennen und mit dem passenden Silbenbogen verbinden

33

  # A a

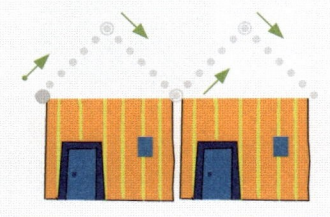 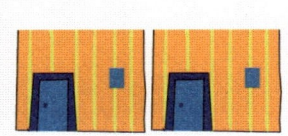 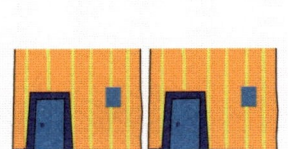 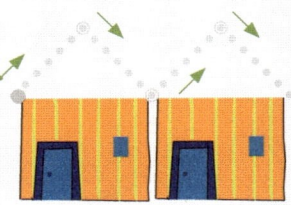

 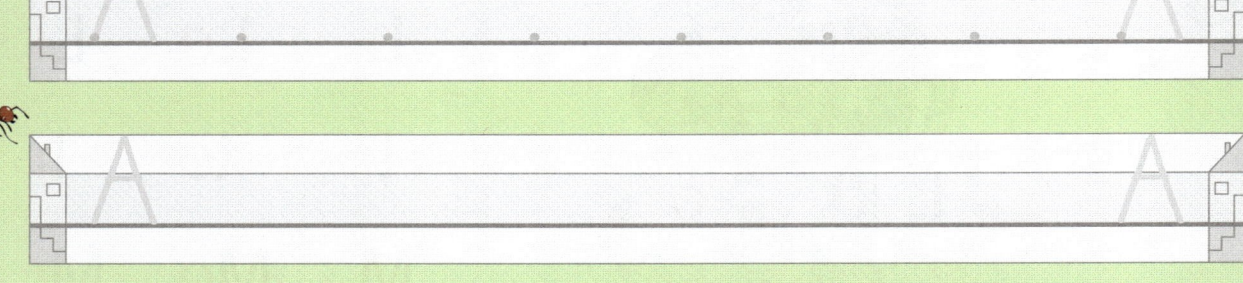

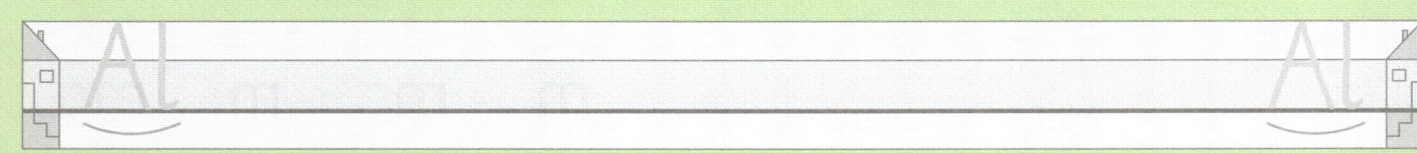

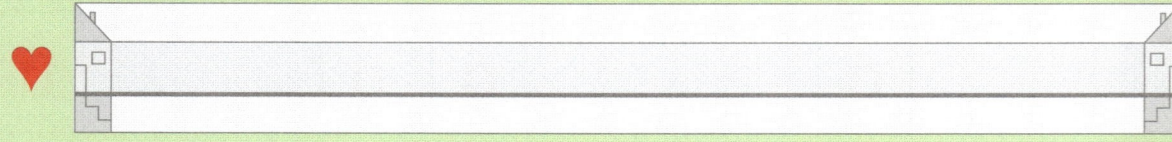

zu FS 14/15 – oben Formübung A: Bootshausdach wie vorgegeben nachspuren bzw. ergänzen – weißes A mit mehreren Farben nachspuren – graue A einmal nachspuren – Feld mit weiteren A füllen – Schreibansatzpunkte und Richtungspfeile beachten
Mitte alle grauen Vorgaben nachspuren und Restzeilen entsprechend füllen – auf Abstand und richtige Positionierung innerhalb der Lineatur achten
unten *Alma* erlesen, Silben schwingen und erste Silbe nachspuren – *optional:* Lieblingsbuchstaben/-wörter aufschreiben

zu FS 14/15 – oben Formübung a: linke Kreishälfte wie vorgegeben nachspuren bzw. ergänzen – weißes a mit mehreren Farben nachspuren – graue a einmal nachspuren – Feld mit weiteren a füllen – Schreibansatzpunkte und Richtungspfeile beachten
Mitte alle grauen Vorgaben nachspuren und Restzeilen entsprechend füllen – auf Abstand und richtige Positionierung innerhalb der Lineatur achten
unten Namen Mila, Oma und Mama erlesen, Silben schwingen – Wörter nachspuren bzw. ergänzen

35

A a

      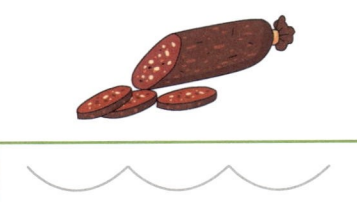

O	a

a	a

i	a	a

Oma im   

Mila im

Lama im

Oma im

Mila im   

Lama im

zu FS 14/15 – **1.** *Lautbild Ameise* und abgebildete Begriffe benennen – Begriffe nach dem langen /a/-Laut abhören und rot einkreisen, wenn er im Wort klingt
2. Begriff benennen, mehrfach sprechen und Silben schwingen – „Kapitäne" darunter benennen und mit dem passenden Silbenbogen verbinden
3. Wortgruppen erlesen – Bild betrachten – passende Wortgruppe mit dem Bild verbinden

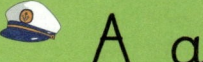

4

5

A a

5-mal A
4-mal a

6

Alma am

Oma im

Oma am

Alma im

Alma am

Mama am

Alma

zu FS 14/15 – 4. *Lautbild Ampel* und abgebildete Begriffe benennen – Begriffe nach dem kurzen /a/-Laut abhören und rot einkreisen, wenn er im Wort klingt
5. große A rot einkreisen (5-mal), kleine a orange einkreisen (4-mal)
6. Wortgruppen erlesen – Bild betrachten – passende Wortgruppe mit dem Bild verbinden

37

S s

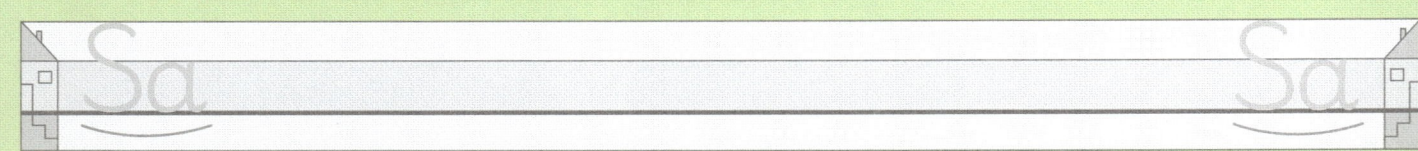

Salami

zu FS 16/17 – oben Formübung S/s: „Achten" wie vorgegeben nachspuren bzw. ergänzen – weißes S mit mehreren Farben nachspuren –
graue S einmal nachspuren – Feld mit weiteren S füllen – Schreibansatzpunkt und Richtungspfeil beachten
Mitte alle grauen Vorgaben nachspuren und Restzeilen entsprechend füllen – auf Abstand und richtige Positionierung innerhalb der Lineatur achten
unten Wort *Salami* auf Ollis Zettel erlesen – *optional:* Lieblingsbuchstaben/-wörter aufschreiben

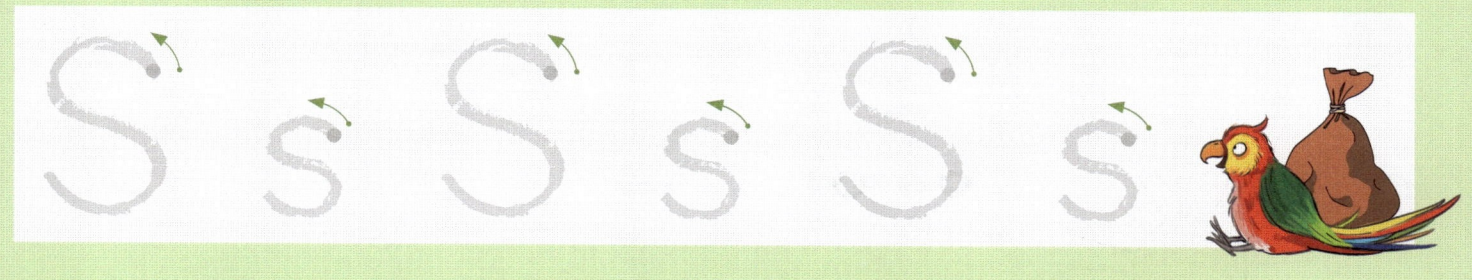

S s S s S s

s s

S s S s

so so

los los

also also

Lass Alma los.

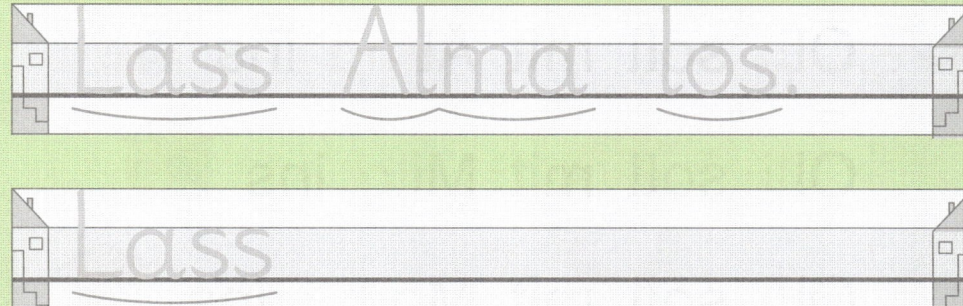

Lass Alma los.

Lass

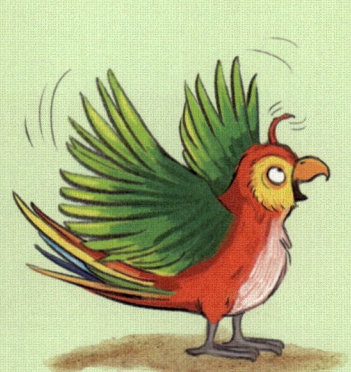

zu FS 16/17 – oben Formübung S/s: Buchstaben wie vorgegeben nachspuren
Mitte alle grauen Vorgaben nachspuren und Restzeilen entsprechend füllen – auf Abstand und richtige Positionierung innerhalb der Lineatur achten
unten vorgegebenen Satz erlesen – Satz in der ersten Zeile nachspuren – Satz in der zweiten Zeile selbstständig schreiben, dabei auf richtige Positionierung innerhalb der Lineatur achten

1

7

2

S  s

4-mal S
7-mal s

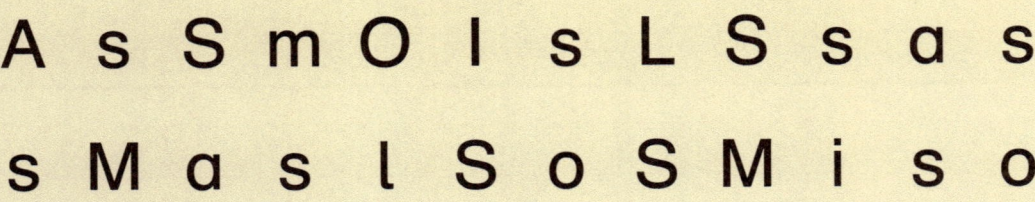

A s S m O l s L S s a s
s M a s l S o S M i s o

3

Los, Olli!

Olli soll mit Alma ins  .

Olli soll mit Mila ins  .

Olli soll mit Mama ins  .

zu FS 16/17 – 1. *Lautbild Sonne* und abgebildete Begriffe benennen – Begriffe nach dem stimmhaften /s/-Laut abhören und (grün) einkreisen, wenn er im Wort klingt
2. große S hellblau einkreisen (4-mal), kleine s grün einkreisen (7-mal)
3. Sätze erlesen – Bild betrachten und Sprechblase erlesen – passenden Satz mit dem Bild verbinden

40

4

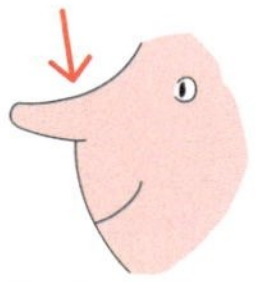

	7		

5

S o

	o	i	a	e
S	So	Si	Sa	Se
s	so	si	sa	se
L	Lo	Li	La	Le
l	lo	li	la	le

6

Sa Si So — la li lo — ma mi mo

Sa		

zu FS 16/17 – 4. *Lautbild Sonne* und abgebildete Begriffe benennen – Begriffe danach abhören, ob der stimmhafte /s/-Laut am Wortanfang (im Anlaut) klingt – weiße Anlautfelder unter diesen Begriffen ankreuzen – **5.** Wdh. der /e/-Lautung – mehrfaches „Zusammenschleifen" von S/s und L/l mit o, i, a, e (mit Fingerzeig auf Felder – von oben nach unten, von links nach rechts und durcheinander) – **6.** Silben auf Lomis Silbenzettel erlesen – Abbildung *Salami* benennen, Silben schwingen – aus den Auswahlsilben für die 1., 2. und 3. Silbe jeweils die passende Silbe heraushören, mit dem passenden Feld verbinden und einschreiben

T t

zu FS 18/19 – **oben** Formübung T: Leiterstreben wie vorgegeben nachspuren bzw. ergänzen – weißes T mit mehreren Farben nachspuren –
graue T einmal nachspuren – Feld mit weiteren T füllen – Schreibansatzpunkte und Richtungspfeile beachten
Mitte alle grauen Vorgaben nachspuren und Restzeilen entsprechend füllen – auf Abstand und richtige Positionierung innerhalb der Lineatur achten
unten *optional:* Lieblingsbuchstaben/-wörter aufschreiben

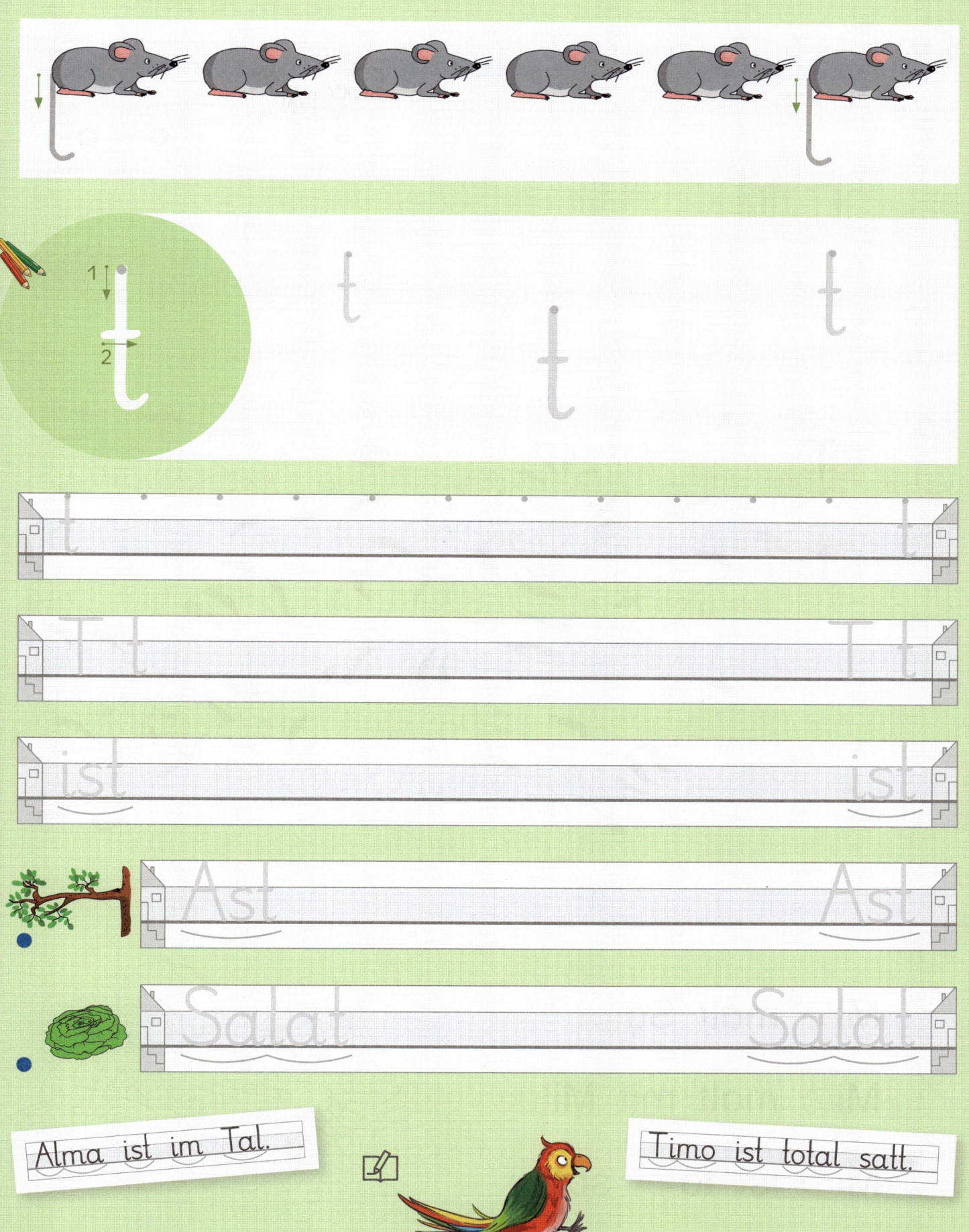

t   t

t

t

T   t

ist

 Ast

Salat

Alma ist im Tal.

Timo ist total satt.

zu FS 18/19 – oben Formübung t: Mäuseschwanz jeweils wie vorgegeben nachspuren bzw. ergänzen – weißes t mit mehreren Farben nachspuren – graue t einmal nachspuren – Feld mit weiteren t füllen – Schreibansatzpunkte und Richtungspfeile beachten
Mitte alle grauen Vorgaben nachspuren und Restzeilen entsprechend füllen – auf Abstand und richtige Positionierung innerhalb der Lineatur achten
unten *optional:* Piktogramm erläutern – vorgegebene Sätze ins Heft abschreiben (auf richtige Positionierung innerhalb der Lineatur achten)

43

1

2

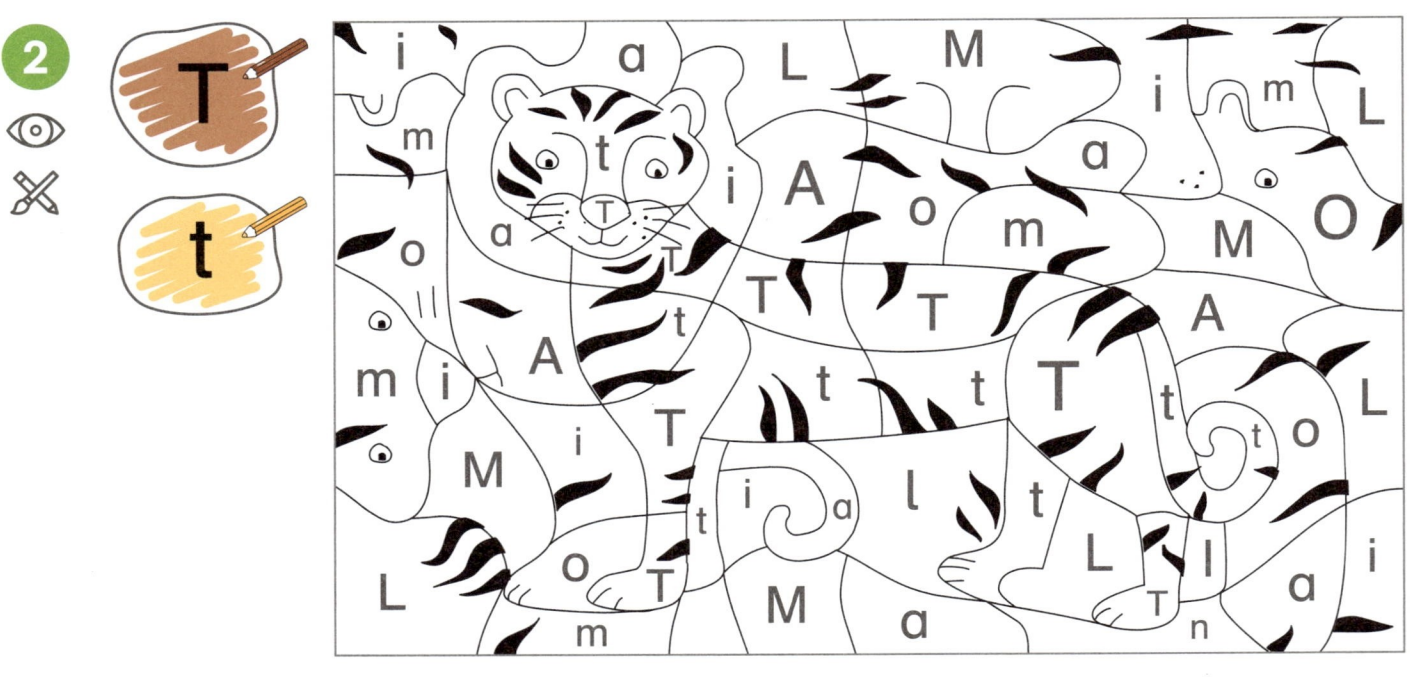

3

Milo malt Salat.

Milo malt mit Mila.

Milo ist total satt.

zu FS 18/19 – 1. *Lautbild Tisch* und abgebildete Begriffe benennen – Begriffe nach dem /t/-Laut abhören und grün einkreisen, wenn er im Wort klingt
2. Felder mit T hellbraun, Felder mit t gelb ausmalen (Lösungsbild: Tiger)
3. Sätze erlesen – Bild betrachten – passenden Satz mit dem Bild verbinden – *optional:* Abbildung bunt ausmalen

4

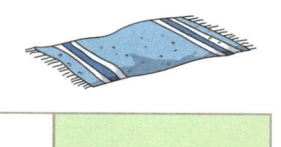

5

		a	i	o	e
T	T	Ta	Ti	To	Te
t	t	ta	ti	to	te

6

Mila malt Olli.

Timo malt Salat.

zu FS 18/19 – **4.** *Lautbild Tisch* und abgebildete Begriffe benennen – Begriffe danach abhören, ob der /t/-Laut am Wortanfang (im Anlaut) klingt – weiße Anlautfelder unter diesen Begriffen ankreuzen – **5.** Wdh. der /e/-Lautung – Partnerarbeit: mehrfaches „Zusammenschleifen" von T/t mit a, i, o, e (wie zuvor) – **6.** Sätze unter den Bildern erlesen – Bilder nach Satzvorgabe ergänzen
→ TESTBEILEGER: jetzt Seiten 2 – 7 bearbeiten │ Durchführung sukzessive zwischen der Bearbeitung von T/t und N/n

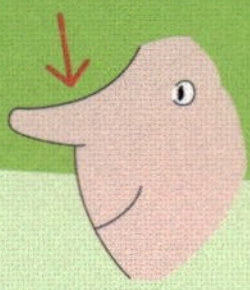

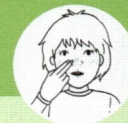

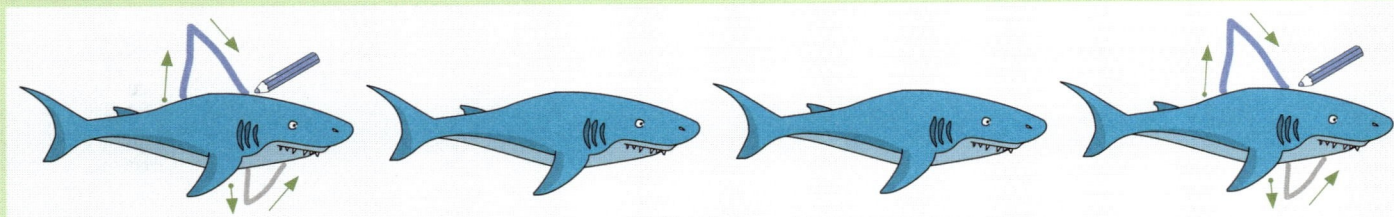

N n

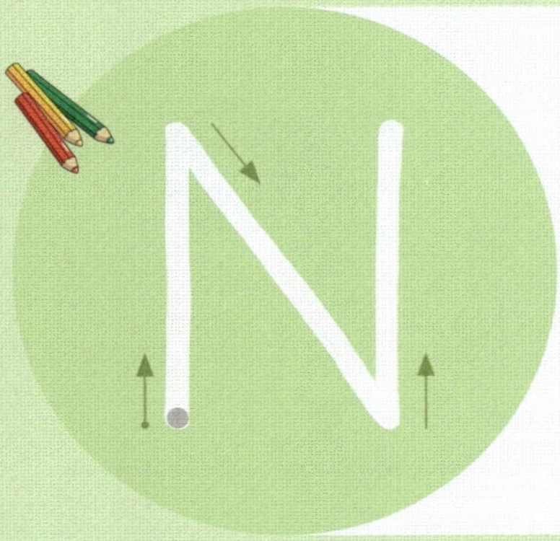

N N N

N N

N N

Ni Ni

Na Na

No No

♥

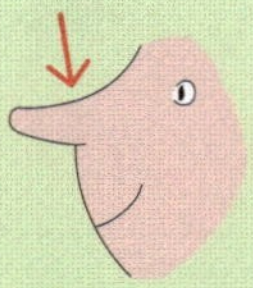

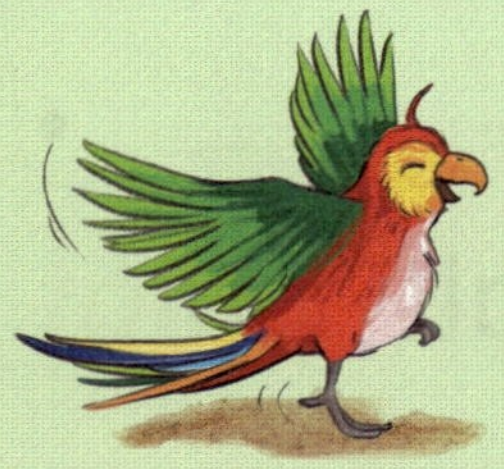

zu FS 20/21 – oben Formübung N: Haifischflossen wie vorgegeben nachspuren bzw. ergänzen – weißes N mit mehreren Farben nachspuren – graue N einmal nachspuren – Feld mit weiteren N füllen – Schreibansatzpunkt und Richtungspfeile beachten
Mitte alle grauen Vorgaben nachspuren und Restzeilen entsprechend füllen – auf Abstand und richtige Positionierung innerhalb der Lineatur achten
unten *optional:* Lieblingsbuchstaben/-wörter aufschreiben

n   n

n

n

n

N n   N n

no   no

in   in

Nino   Nino

Nina
Ananas

zu FS 20/21 – oben Formübung n: oberen Muschelrand wie vorgegeben nachspuren bzw. ergänzen – weißes n mit mehreren Farben nachspuren – graue n einmal nachspuren – Feld mit weiteren n füllen – Schreibansatzpunkt und Richtungspfeile beachten
Mitte alle grauen Vorgaben nachspuren und Restzeilen entsprechend füllen – auf Abstand und richtige Positionierung innerhalb der Lineatur achten
unten optional: vorgegebene Wörter ins Heft abschreiben (auf Positionierung innerhalb der Lineatur achten) – Lieblingsbuchstaben/-wort aufschreiben

47

1

2

3

Alma soll mit Nino ins Tal.

Alma ist Ninos Oma.

Nino ist Almas Mama.

Alma ist Ninos Lama.

zu FS 20/21 – 1. *Lautbild Nase* und abgebildete Begriffe benennen – Begriffe nach dem /n/-Laut abhören und grün einkreisen, wenn er im Wort klingt
2. Felder mit N hellblau, Felder mit n grau ausmalen (Lösungsbild: Nashorn)
3. Sätze erlesen – Bild betrachten – passende Sätze mit dem Bild verbinden (erster und letzter Satz)

4

5

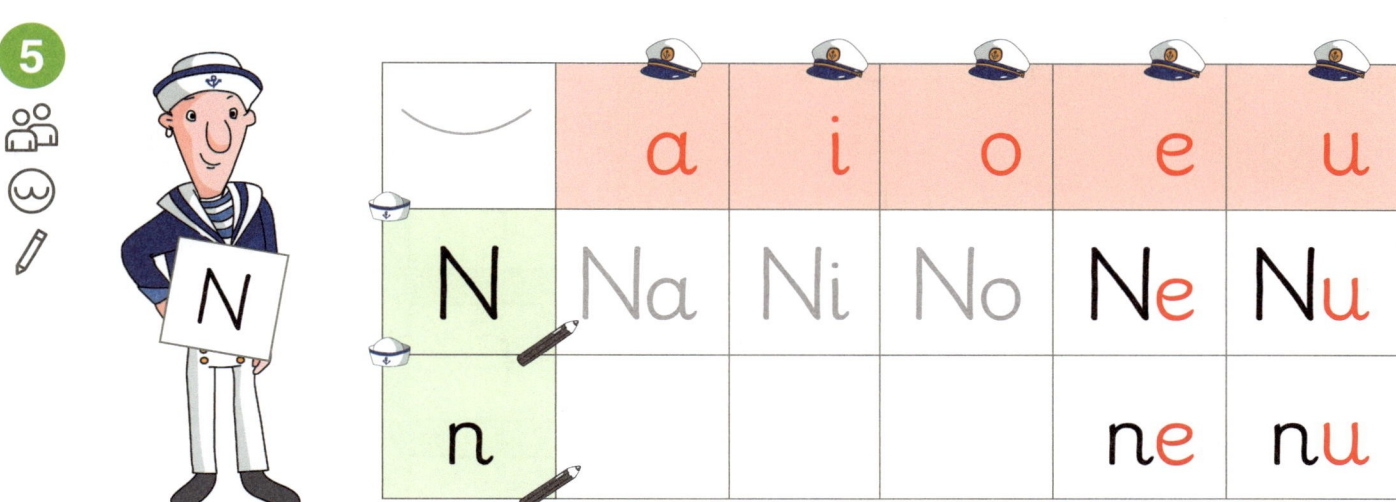

⌣	a	i	o	e	u
N	Na	Ni	No	Ne	Nu
n				ne	nu

6

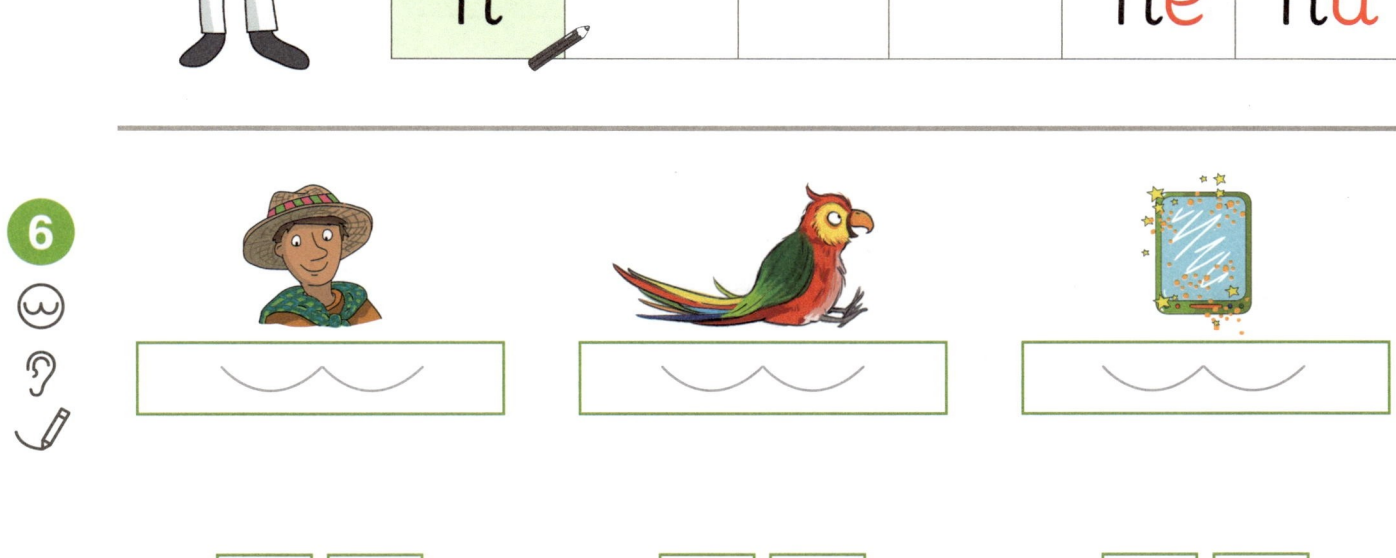

o	i		O	i		o	i

zu FS 20/21 – 4. *Lautbild Nase* und abgebildete Begriffe benennen – Begriffe danach abhören, ob der /n/-Laut am Wortanfang (im Anlaut) klingt – weiße Anlautfelder unter diesen Begriffen ankreuzen – **5.** Wdh. der /e/ und der /u/-Lautung – Partnerarbeit: mehrfaches „Zusammenschleifen" von N/n mit a , i , o , e , u (mit Fingerzeig auf Felder) – schriftliche Ergänzung der leeren Felder
6. Begriff benennen, mehrfach sprechen und Silben schwingen – „Kapitäne" darunter benennen und mit dem passenden Silbenbogen verbinden

49

Ollis Lauttabelle

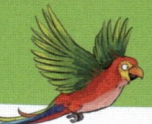

1

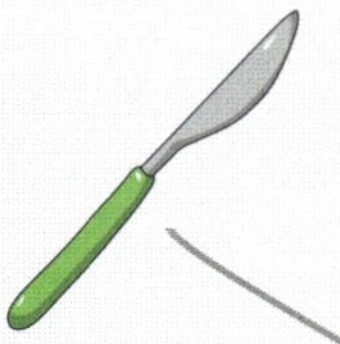 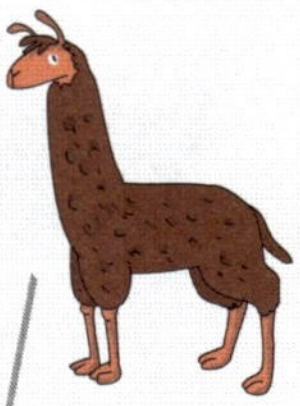 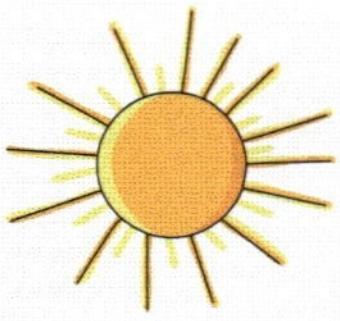 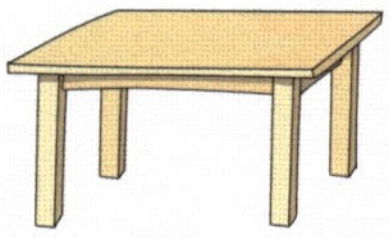 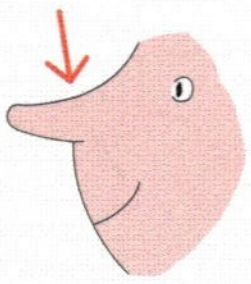

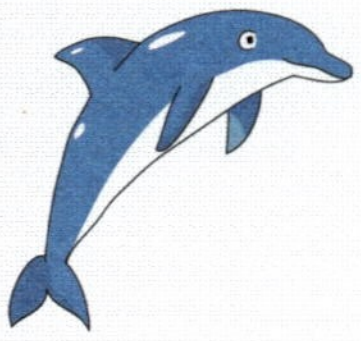 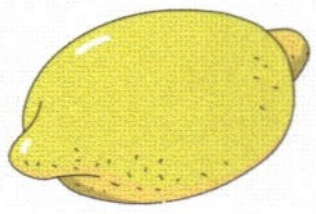

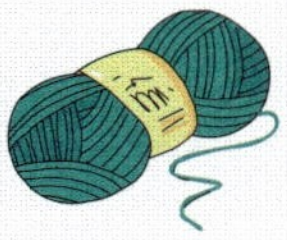 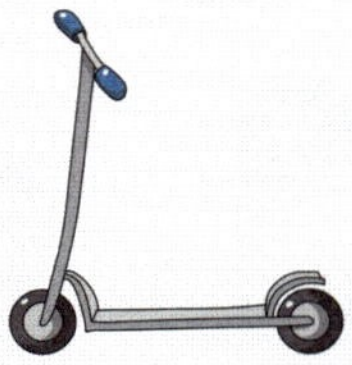

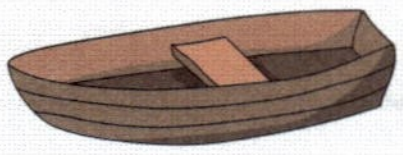 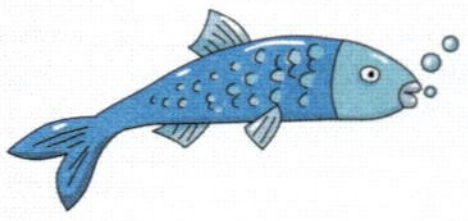

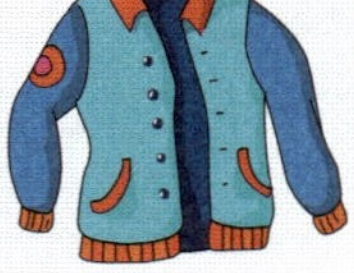 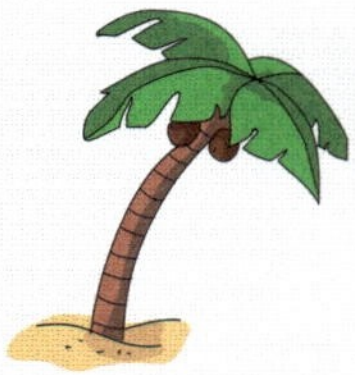

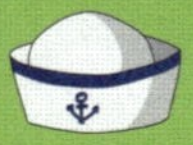

M m	N n
D d	T t
S s	Z z
L l	R r
W w	F f
B b	P p
G g	K k
J j	H h

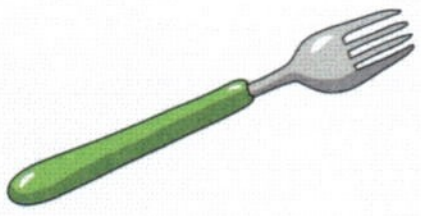 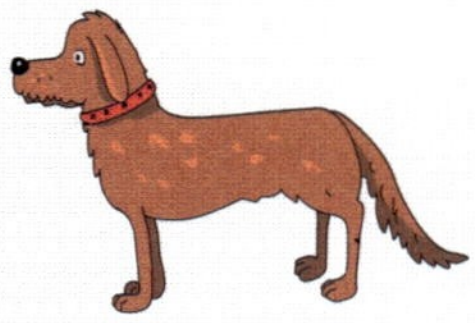 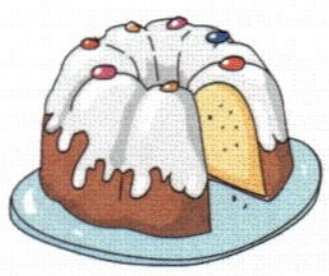

zum Lauttabellen-Einleger/-Poster – Erarbeitung im Klassenverband: 1. Lauttabellen-Einleger neben das Starterheft legen und zunächst nur die auf Seite 50 oben abgebildeten *Lautbilder* zu den bereits eingeführten Konsonanten (Matrosen) darauf suchen *(Messer, Lama, Sonne, Tisch, Nase)* – diese fünf *Lautbilder* mit den passenden Buchstabenfeldern verbinden – alle weiteren *Lautbilder* benennen und Anlaut abhören – die Buchstaben zu diesen *Lautbildern* in der Lauttabelle suchen und hier mit dem passenden *Lautbild* verbinden – Segelfarbe benennen und Bezeichnung „Matrose“ für diese Buchstaben (Konsonanten) wiederholen

2

Aa Ee Ii Oo Uu

3

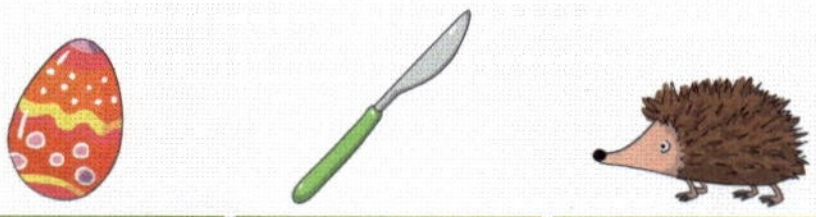

O

zum Lauttabellen-Einleger/-Poster – Erarbeitung im Klassenverband: 2. Wdh./Vertiefung aller „Silbenkapitäne" (Vokale) – Benennung der *Lautbilder* (oben: langer Vokal / unten: kurzer Vokal) – *Lautbilder* mit dem passenden Buchstabenfeld verbinden – *Lautbilder* zu den „Silbenkapitänen" in der Lauttabelle suchen
3. *Lautbilder* über den Buchstabenfeldern benennen und Anlaut heraushören – Anlautbuchstaben auf der Lauttabelle suchen und jeweils in das Buchstabenfeld darunter schreiben (alle Buchstaben bereits eingeführt) – entstandenes Wort erlesen und mit der passenden Abbildung rechts verbinden

51

4

  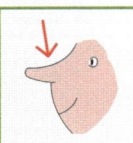 

5

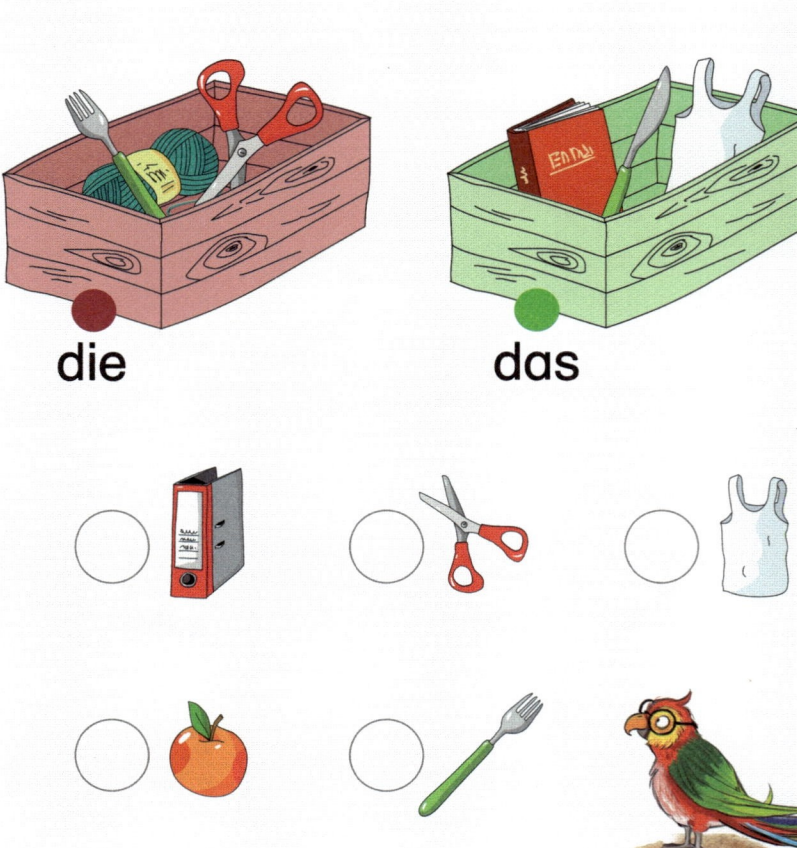

der   die   das

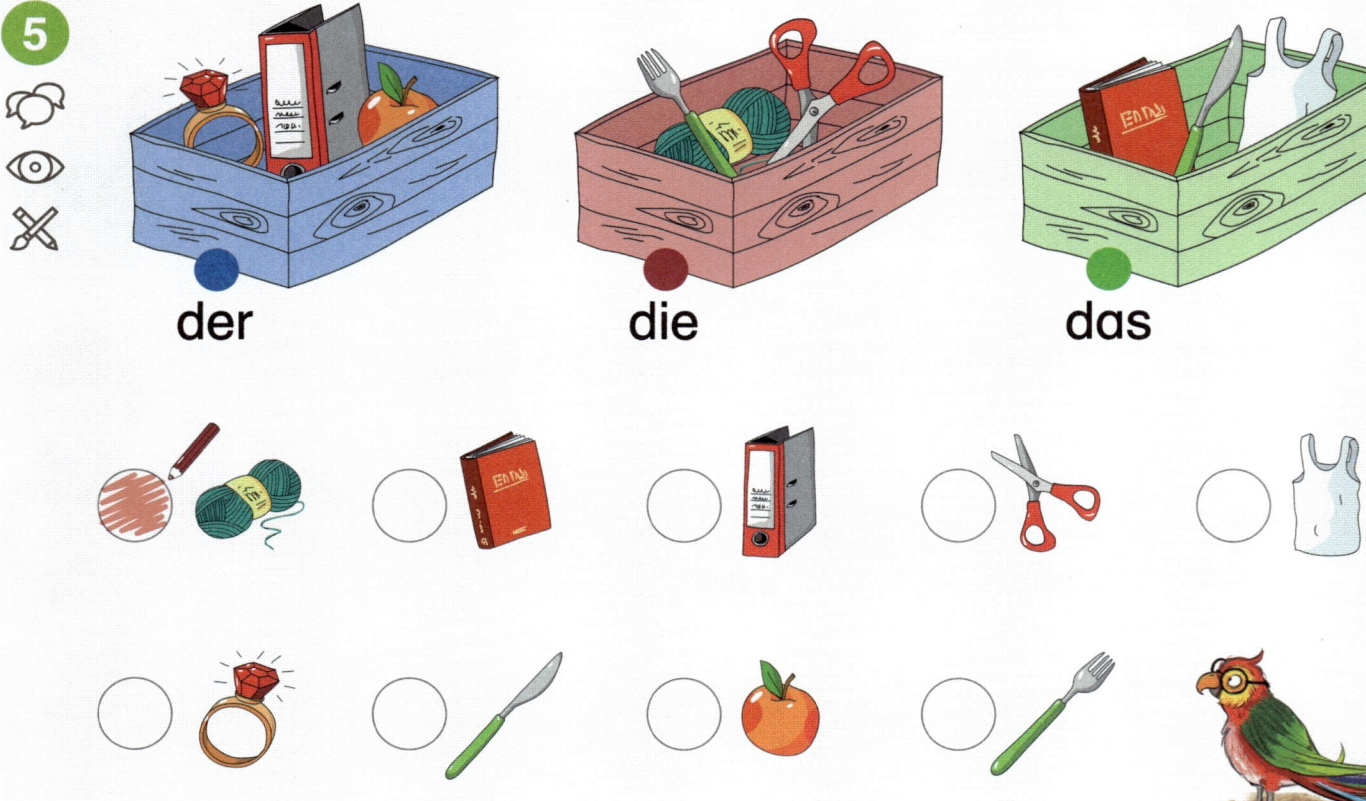

zum Lauttabellen-Einleger/-Poster – Erarbeitung im Klassenverband: 4. Benennung der *Lautbilder* – Heraushören der Anlaute (nur zum Teil bereits eingeführt) – Zusammenschleifen der Anlaute einer Zeile zu einem Wort – entstandenes Wort mit der passenden Abbildung (*Opi – Schal – Kanu – Dino*) verbinden
Erarbeitung der Artikelpunkte – Erarbeitung im Klassenverband: 5. Benennung der Gegenstände einer Kiste – Benennung des bestimmten Artikels und Zuordnung der Artikelpunktfarbe – *optional:* Erlesen der Artikel – alle: Artikelzuordnung durch passende Färbung der Kreise neben den Abbildungen

Deutsch mit Olli

1

Testheft

Grundschrift

Name:

Klasse:

Cornelsen

1

(5 x 1 P.)
5 Punkte

2

(8 x 0,5 P.)
4 Punkte

Hinweis zum Einsatz der Testseiten zum Arbeitsheft START: Einsatz nach Erarbeitung des T/t – Bearbeitung der Testteile 1, 2 und 3 auf drei Tage bzw. eine Woche verteilen – **Kompetenzbereich:** akustische Analyse
oben Begriffe benennen und artikuliert sprechen – links abgebildeten Begriff mit dem passenden Reimwort rechts verbinden – **unten** Anlautbild links benennen und nach dem Anlaut abhören – Auswahlbegriffe rechts daneben benennen und einkreisen, wenn sie den vorgegebenen Laut enthalten

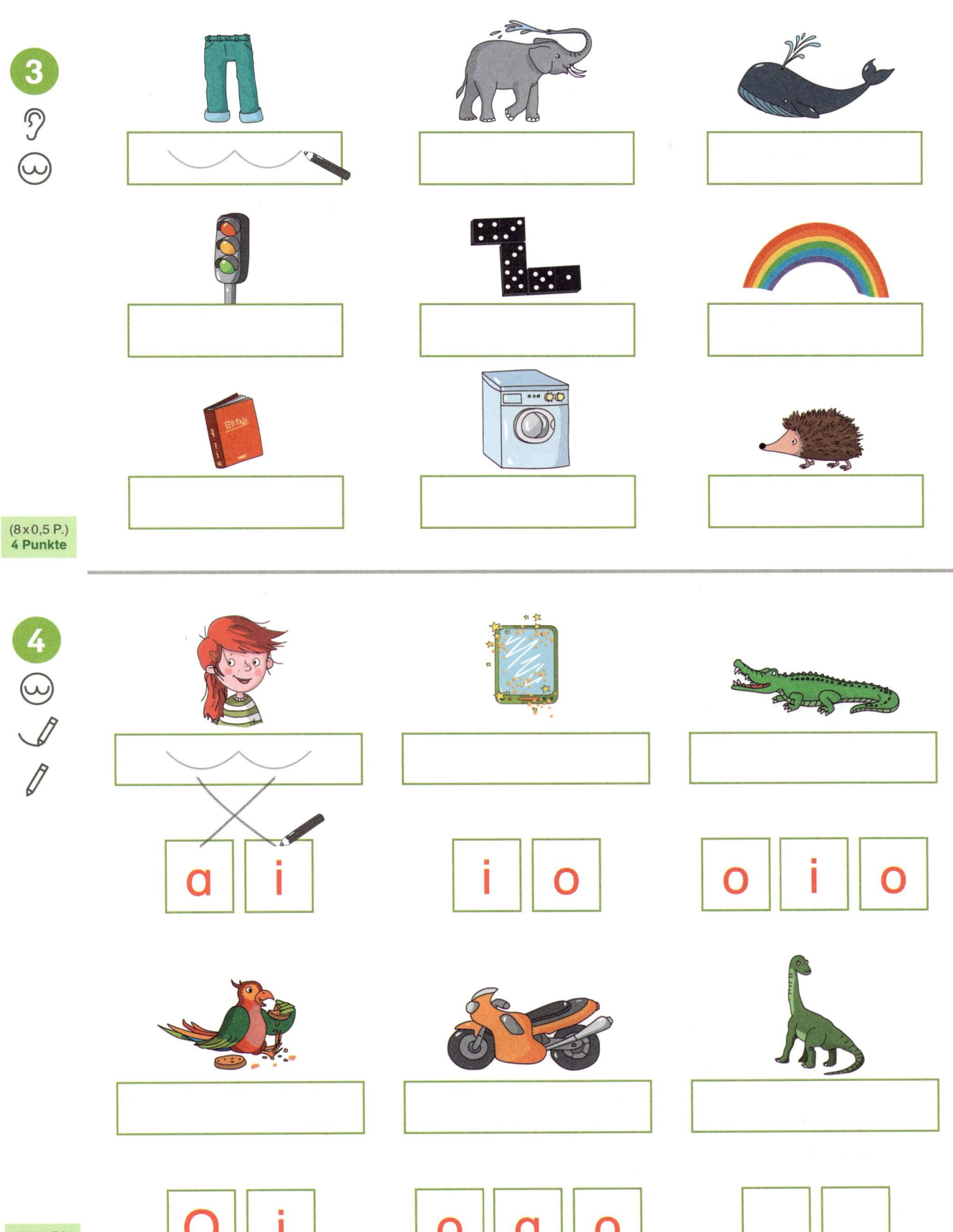

3

(8 x 0,5 P.)
4 Punkte

4

a i   i o   o i o

O i   o a o

Kompetenzbereich: Silbenarbeit
oben Begriffe benennen, sprechschwingen und richtige Silbenanzahl durch Silbenbögen daruntersetzen
unten Begriff benennen, Silben schwingen und Silbenbögen zeichnen – die darunter angebotenen „Kapitäne" (Vokale) mit den passenden Booten
(Silbenbögen) verbinden – beim letzten Beispiel die Vokale zusätzlich eintragen

3

(5 x 1 P.)
5 Punkte

1

Limi •

Lomi •

Lomo •

•

Salat •

Talas •

Lalat •

Mama •

Tama •

Lama •

•

Silami •

Salima •

Salami •

(4 x 1 P.)
4 Punkte

2

Olli malt lila Salat. ◯

Mama malt lila Salat. ◯

Mila malt lila Salat. ◯

Milo isst mit Oma Salami. ◯

Mila isst mit Oma Salami. ◯

Mama isst mit Oma Salami. ◯

(2 x 2 P.)
4 Punkte

Kompetenzbereich: Sinnerfassung (auf Wort- und Satzebene – mit Bildunterstützung)
oben Wörter erlesen – abgebildeten Begriff benennen – richtiges Wort mit dem Bild verbinden
unten Bild betrachten – Auswahlsätze erlesen – zum Bild passenden Satz ankreuzen

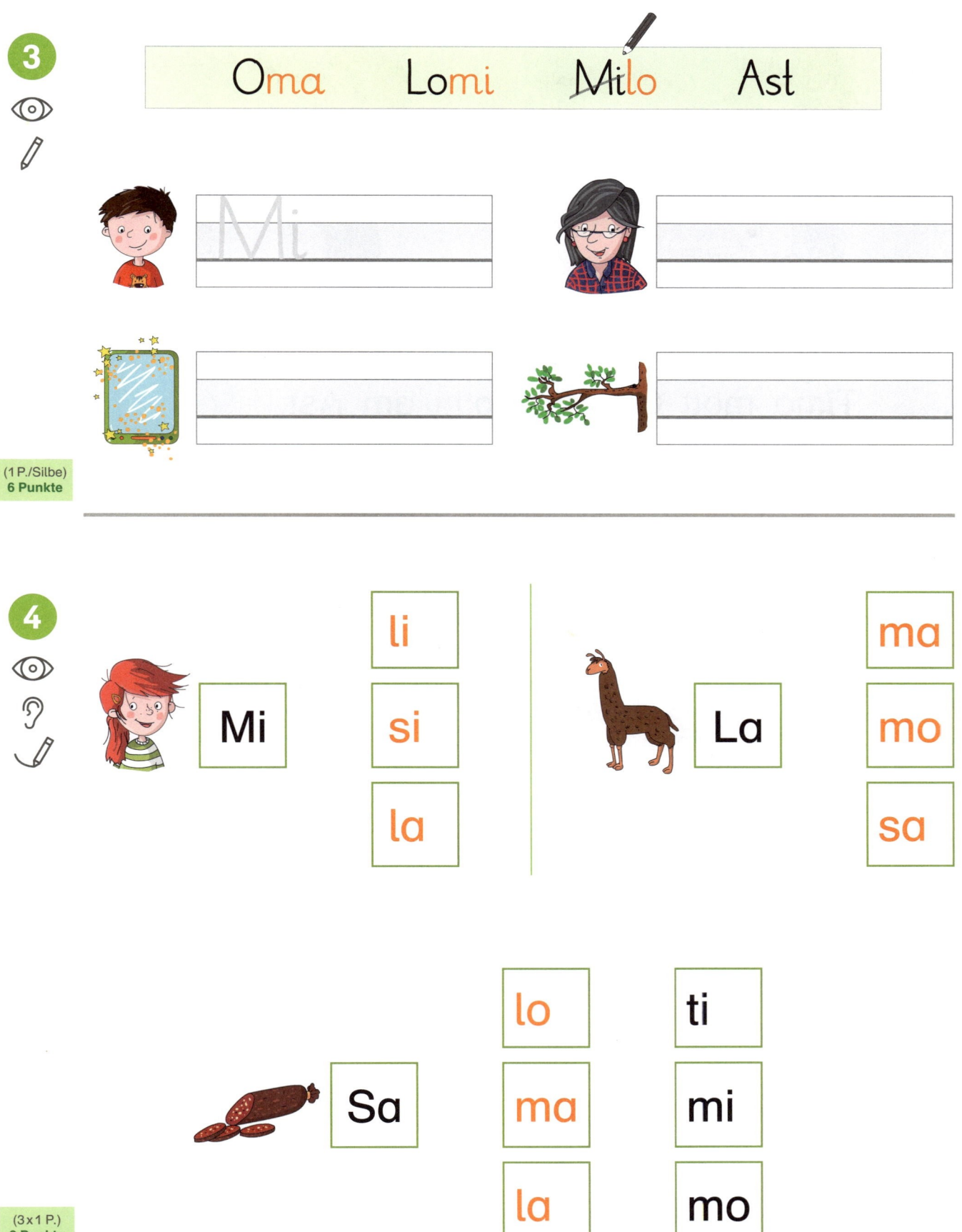

3

Oma　　Lomi　　Milo　　Ast

Mi

(1 P./Silbe)
6 Punkte

4

Mi　　li
　　　　si
　　　　la

La　　ma
　　　　mo
　　　　sa

Sa　　lo　　ti
　　　ma　　mi
　　　la　　mo

(3 x 1 P.)
3 Punkte

Kompetenzbereiche: Sinnerfassung – Silbenarbeit – richtiges Abschreiben
oben Auswahlwörter erlesen, den passenden Abbildungen zuordnen und richtig in die Zeilen abschreiben
unten Abbildungen benennen – Einzelsilben erlesen – die zur Abbildung passenden Silben miteinander verbinden

5

Mila malt lila Salat.

Timo malt Olli mit Lomi am Ast.

(2 x 2 P.)
4 Punkte

Kompetenzbereiche: Sinnerfassung auf Satzebene mit Handlungsaufforderung – freies Schreiben auf Wort- und/oder Satzebene (mit Abbildungsvorgabe)
oben Bild betrachten – Aussagen darunter erlesen – Bild den Aussagen entsprechend ergänzen
unten freies Schreiben zum Bild auf Wort- und/oder Satzebene – *(zusätzliche Einstufungshilfe ohne Punktvergabe)*

6

Einstufung der Gesamtleistung bei der Lernstandserhebung zum Arbeitsheft START (nach T t):
Maximal zu erreichende Punktanzahl: 39 Punkte

Wenn Sie die Folgehefte erst nach der Bearbeitung des Arbeitshefts START bestellen:

▸ **Bis zu 26 Punkten** empfehlen wir, mit den Arbeitsheften LEICHT|BASIS weiterzuarbeiten.

▸ **Ab 27 Punkten** empfehlen wir, mit den Arbeitsheften BASIS|PLUS weiterzuarbeiten.

Zusätzliche Entscheidungshilfe: Bewertung der ⭐-Aufgabe auf Seite 6:
Schreiben von Wörtern, Satzfragmenten, Sätzen (falsch – lauttreu – rechtschriftlich korrekt – Umfang)

Einstufung der Einzelkompetenzen zur Lernstandserhebung nach T t
als Grundlage zur individuellen Förderung von Einzelkompetenzen

Seite	Aufgabe	Kompetenzen — Das Kind kann …	sicher	teilweise	unsicher	SOLL-Pkt.	IST-Pkt.
2	1	… Reime erkennen.				5	
	1	… Bilder miteinander verbinden					
	2	… identifizieren, in welchem Wort der vorgegebene Laut zu hören ist.				4	
	2	… das entsprechende Bild markieren.					
3	3	… bei 1-, 2- und 3-Silbern die Silbenanzahl bestimmen.				4	
	3	… bei 4-Silbern (*Regenbogen* oder *Waschmaschine*) die Silbenanzahl bestimmen.					
	4	… Silbenbögen in der richtigen Anzahl bestimmen und einzeichnen.				5	
	4	… vorgegebene Vokale den Silben zuordnen.					
	4	… selbstständig die fehlenden Vokale bestimmen.					
	4	… diese den Silben zuordnen.					
4	1	… einfache bekannte Wörter lesen (von Fantasiewörtern unterscheiden) und einem Bild passend zuordnen.				4	
	2	… kurze ähnliche Sätze erlesen, verstehen und zur Bildvorgabe passenden Satz ankreuzen.				4	
5	3	… vorgegebene Wörter dem passenden Bild zuordnen und richtig in die Lineatur daneben abschreiben.				6	
	4	… aus einfachen offenen Auswahlsilben ein zum Bild passendes Wort bilden.				3	
6	1	… einen kurzen Satz lesen, verstehen und der Information entsprechend einen Lese-Mal-Auftrag ausführen.				4	
	1	… einen längeren, komplexeren Satz lesen, verstehen und der Information entsprechend einen Lese-Mal-Auftrag ausführen.					
Gesamtpunktzahl						39	
6	⭐	… zu einem vorgegebenen Bild einzelne, bekannte Wörter schreiben.				zusätzliche Einstufungshilfe ohne Punktvergabe	
		… Wörter mit nicht eingeführtem Buchstabenmaterial passend zum Bild lauttreu oder korrekt aufschreiben.					
		… ganze Sätze passend zum Bild aufschreiben.					

HINWEIS: Während einer eventuellen Bestell- und Lieferphase zu den Folgearbeitsheften können die Arbeitsheft-START-Seiten 46 bis 49 zum N/n sowie die Seiten 50 bis 52 zur Lauttabelleneinführung bearbeitet werden.

7

1

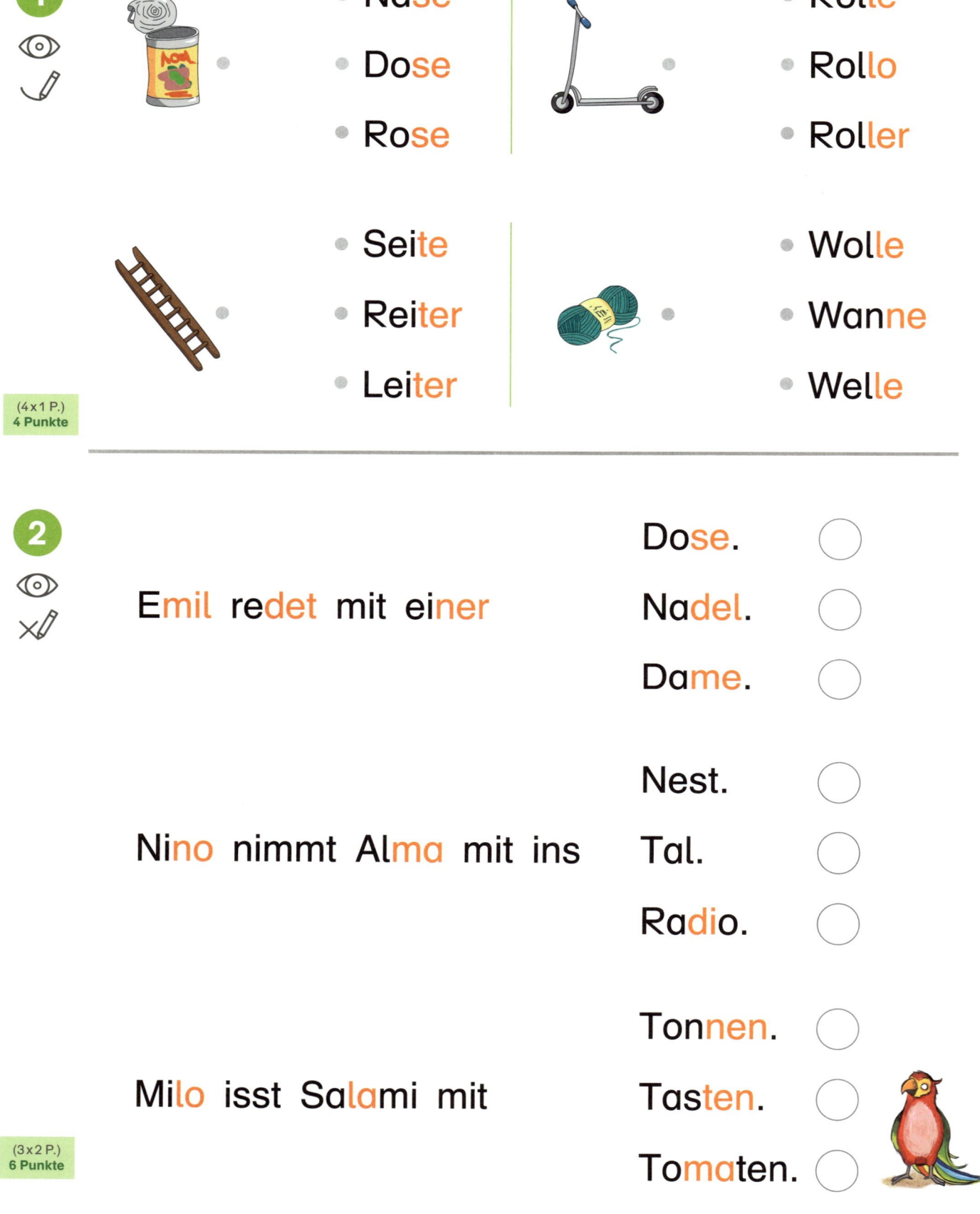

Nase
Dose
Rose

Rolle
Rollo
Roller

Seite
Reiter
Leiter

Wolle
Wanne
Welle

(4 x 1 P.)
4 Punkte

2

Emil redet mit einer

Dose. ○
Nadel. ○
Dame. ○

Nino nimmt Alma mit ins

Nest. ○
Tal. ○
Radio. ○

Milo isst Salami mit

Tonnen. ○
Tasten. ○
Tomaten. ○

(3 x 2 P.)
6 Punkte

Kompetenzbereich: Sinnerfassung auf Wortebene (mit Bildunterstützung) – Sinnerfassung auf Satzebene (ohne Bildunterstützung)
1. Wörter erlesen – abgebildeten Begriff benennen – richtiges Wort mit dem Bild verbinden
2. Satzanfang erlesen – Auswahlergänzungen erlesen – zum Satzanfang passendes Ergänzungswort ankreuzen

3 | de   no   te   sel   del   ter

Dino

Rei

En

E

Er

Na

(5 x 1 P.)
5 Punkte

4

Der Eimer ist rot.

D

(s. Fußnote)
3 Punkte

5

(4 x 2 P.)
8 Punkte

Kompetenzbereiche: Sinnerfassung/Silbenarbeit (Nomen) – Abschreiben nach Abschreibregeln – freies Verschriften lauttreuer Wörter (mit Bildvorgabe) –
3. Abbildung benennen – Anfangssilbe erlesen – Auswahlsilben erlesen und passende Endsilbe zur Anfangssilbe schreiben – **4.** Satz erlesen –
Satz unter Anwendung der Abschreibregeln (LeMeSchKo) abschreiben (2 richtige Wörter = 1 P. – 3 richtige Wörter = 2 P. – 4 richtige Wörter = 3 P.)
5. Abbildungen benennen und lauttreue Begriffe verschriften

1

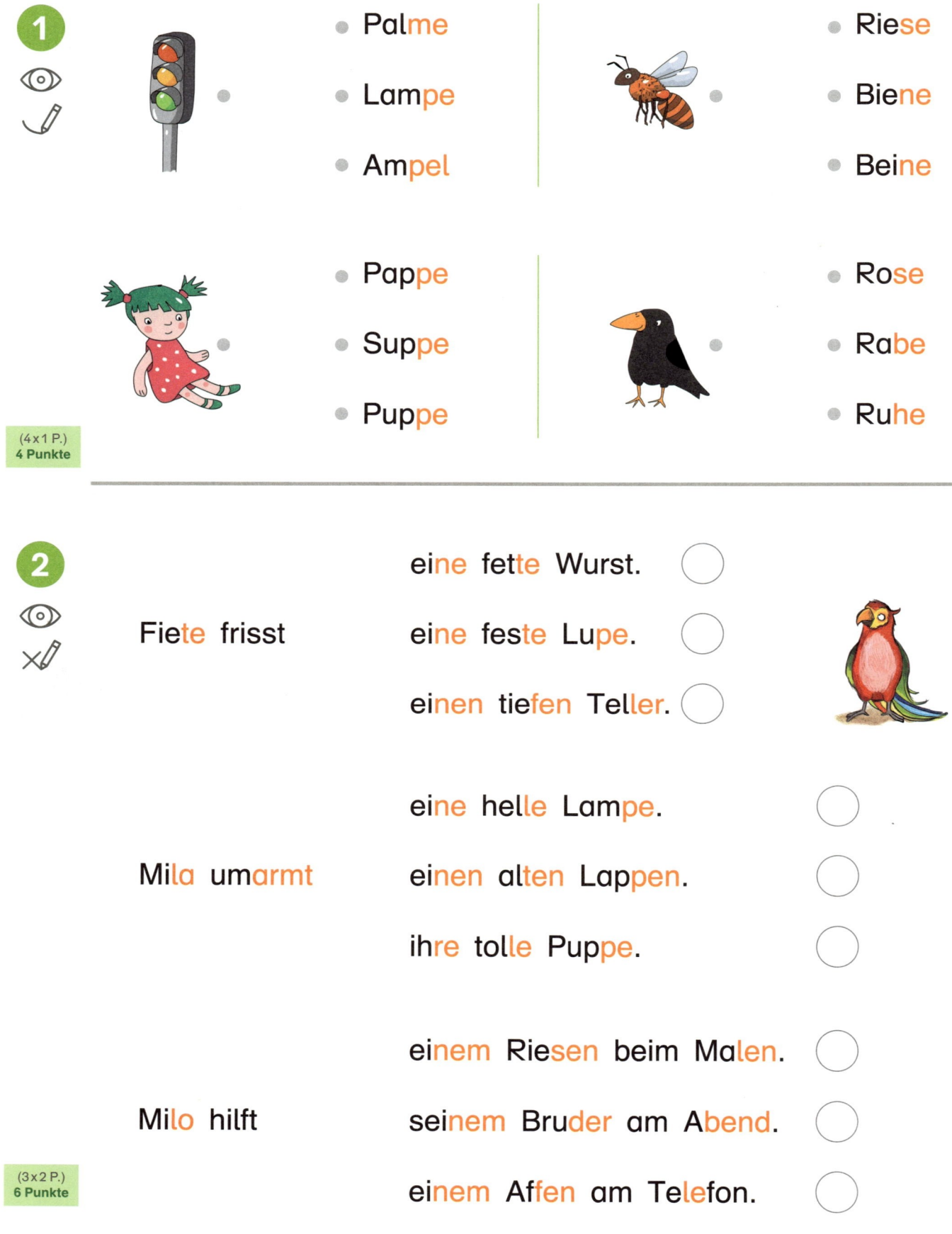

Palme

Lampe

Ampel

Riese

Biene

Beine

Pappe

Suppe

Puppe

Rose

Rabe

Ruhe

(4 x 1 P.)
4 Punkte

2

Fiete frisst

eine fette Wurst. ◯

eine feste Lupe. ◯

einen tiefen Teller. ◯

Mila umarmt

eine helle Lampe. ◯

einen alten Lappen. ◯

ihre tolle Puppe. ◯

Milo hilft

einem Riesen beim Malen. ◯

seinem Bruder am Abend. ◯

einem Affen am Telefon. ◯

(3 x 2 P.)
6 Punkte

Kompetenzbereiche: Sinnerfassung auf Wortebene (mit Bildunterstützung) – Sinnerfassung auf Satzebene (ohne Bildunterstützung)
1. abgebildeten Begriff benennen – Auswahlwörter erlesen – Abbildung mit dem passenden Bild verbinden
2. Satzanfang erlesen – Auswahlergänzungen erlesen – zum Satzanfang passende Ergänzung ankreuzen

3

nen	ren	fen		ben	ten	fen

fah<u>ren</u>

pus

ru

hel

tur

lie

(5 x 1 P.)
5 Punkte

4

Milo sieht ein Nashorn im Fernsehen.

Mi

(s. Fußnote)
3 Punkte

5

(4 x 2 P.)
8 Punkte

Kompetenzbereiche: Sinnerfassung/Silbenarbeit (Verben) – Abschreiben nach Abschreibregeln – freies Verschriften lauttreuer Wörter (mit Bildvorgabe) –
3. Abbildung benennen – Anfangssilbe erlesen – Auswahlsilben erlesen und passende Endsilbe zur Anfangssilbe schreiben
4. Satz erlesen – Satz unter Anwendung der Abschreibregeln (LeMeSchKo) abschreiben (4 richtige Wörter = 1 P. – 5 richtige Wörter = 2 P. –
6 richtige Wörter = 3 P.) – **5.** Abbildungen benennen und lauttreue Begriffe verschriften

1

Emil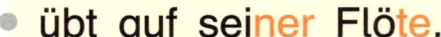

Milo

Olli

Milo

- übt auf sei**ner** Flö**te**.

- mag Kohl und Ge**mü**se.

- lässt sei**nen** Dino flie**gen**.

- taucht zu klei**nen** Fi**schen**.

(4 x 1 P.)
4 Punkte

2

Was ist rich**tig**?

Was ist falsch?

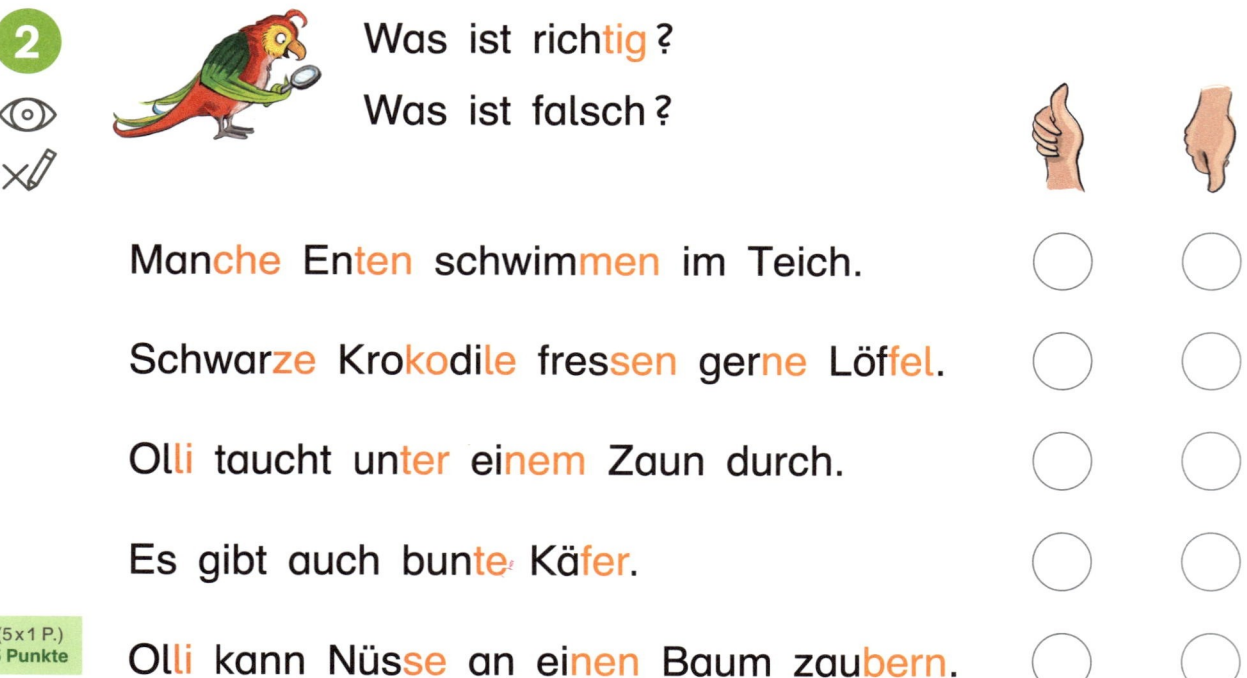

Man**che** En**ten** schwim**men** im Teich.

Schwar**ze** Kro**ko**dile fres**sen** ger**ne** Löf**fel**.

Ol**li** taucht un**ter** ei**nem** Zaun durch.

Es gibt auch bun**te** Kä**fer**.

Ol**li** kann Nüs**se** an ei**nen** Baum zau**bern**.

(5 x 1 P.)
5 Punkte

Kompetenzbereich: Sinnerfassung auf Satzebene (mit und ohne Bildunterstützung)
1. Abbildungen betrachten und dazugehörigen Namen/Satzanfang erlesen – vier Auswahlergänzungen erlesen und Namen mit
passender Ergänzung verbinden
2. Sätze erlesen, auf ihren Wahrheitsgehalt prüfen und ankreuzen, ob ein Satz wahr (Daumen hoch) oder falsch (Daumen runter) ist

3 Ergänze immer das richtige Wort.

schreiben tanzen fliegen schälen schneiden

Zu Musik kann man gut

tan

Manche Käfer können gar nicht

Bananen müssen wir immer

Gute Scheren können scharf

(4 x 1 P.)
4 Punkte

4 Schreibe ab.

Die Hühner fressen
im Garten braune Körner.

(s. Fußnote)
4 Punkte

5

(2 x 2 P.)
4 Punkte

Kompetenzbereiche: Sinnerfassung auf Satzebene – Abschreiben nach Abschreibregeln – freies Schreiben zu einer Bildvorgabe
3. Satzanfänge erlesen – Auswahlwörter (Verben) erlesen und Sätze mit passendem Verb vervollständigen (Auswahlverb *schreiben* bleibt übrig)
4. Satz unter Anwendung der Abschreibregeln (LeMeSchKo) abschreiben (4 richtige Wörter = 1 P. – 5 richtige W. = 2 P. – 6 richtige Wörter = 3 P. –
7 richtige W. = 4 P.) – **5.** Abbildungen benennen und lauttreue Begriffe verschriften

1

 Mila

rennt schnell davon.

 Ela •

verrät ihr Geheimnis.

 Der Jäger •

spielt mit einer Spinne.

streichelt ihren Hund.

 Das Gespenst •

(4 x 1 P.)
4 Punkte

2

 Was stimmt?

Was stimmt nicht? Kreuze an.

Moderne Computer können spuken. ○ ○

Eulen jagen nur heute nach ihrer Beute. ○ ○

In der Stadt rollt jeden Tag starker Verkehr. ○ ○

Zehn Euro sind zweimal fünf Euro. ○ ○

(5 x 1 P.)
5 Punkte

Olli ist kein lustiger Vogel. ○ ○

Kompetenzbereich: Sinnerfassung auf Satzebene (mit und ohne Bildunterstützung)
1. Abbildungen betrachten und dazugehörigen Namen/Satzanfang erlesen – vier Auswahlergänzungen erlesen
und Namen mit passender Ergänzung verbinden
2. Sätze erlesen, auf ihren Wahrheitsgehalt prüfen und ankreuzen, ob ein Satz wahr (Daumen hoch) oder falsch (Daumen runter) ist

3 Ergänze immer das richtige Wort. 🛟

stehen	steigen	spüren	jubeln	staunen

Wir _stei_____ auf die Berge hoch.

Alle _____ beim Sporttag laut.

Vögel _____ starken Wind beim Fliegen.

Wir _____ beim Start vor der Linie.

(4 x 1 P.)
4 Punkte

4 Schreibe ab.

> Im Januar jagt
> der Jaguar den Jäger davon.

(s. Fußnote)
4 Punkte

5

(2 x 2 P.)
4 Punkte

Kompetenzbereiche: Sinnerfassung auf Satzebene – Abschreiben nach Abschreibregeln – freies Schreiben zu einer Bildvorgabe
3. Lückensätze erlesen – Auswahlwörter (Verben) erlesen und Sätze mit passendem Verb vervollständigen (Auswahlverb *staunen* bleibt übrig)
4. Satz unter Anwendung der Abschreibregeln (LeMeSchKo) abschreiben (5 richtige Wörter = 1 P. – 6 richtige W. = 2 P. – 7 richtige W. = 3 P. –
8 richtige W. = 4 P.) – **5.** Abbildungen benennen und Begriffe verschriften

Einstufung der Einzelkompetenzen als Grundlage zur individuellen Förderung von Einzelkompetenzen

Test / Seite	Aufgabe	Kompetenzen Das Kind kann ...	sicher	teilweise	unsicher	SOLL-Pkt.	IST-Pkt.
Test 1 Seite 8 nach Ei ei	1	... einfache Wörter sinnerfassend lesen. (Bild-Wort-Zuordnung)				4	
	2	... längere Satzanfänge sinnerfassend erlesen und die passende Satzergänzung (Einzelwort) aus einer Auswahl finden.				6	
Test 1 Seite 9 nach Ei ei	3	... bei einfachen Zweisilbern (Nomen) zur Erstsilbe die passende Endsilbe aus einer Auswahl schreiben.				5	
	4	... einen einfachen Satz unter Anwendung der Abschreibregeln (LeMeSchKo) richtig abschreiben.				3	
	5	... einfache lauttreue Begriffe frei verschriften.				8	
Punkte Test 1						26	
Test 2 Seite 10 nach B b	1	... einfache Wörter sinnerfassend lesen. (Bild-Wort-Zuordnung)				4	
	2	... kurze Satzanfänge sinnerfassend erlesen und die passende Satzergänzung (Objekt) aus einer Auswahl finden.				6	
Test 2 Seite 11 nach B b	3	... bei Zweisilbern (Verben) zur Erstsilbe die passende Endsilbe aus einer Auswahl schreiben.				5	
	4	... einen einfachen Satz unter Anwendung der Abschreibregeln (LeMeSchKo) richtig abschreiben.				3	
	5	... einfache lauttreue Begriffe frei verschriften.				8	
Punkte Test 2						26	
Test 3 Seite 12 nach G g	1	... Satzfragmente aus einer Auswahl nach Bildvorgabe einander richtig zuordnen. (Sinnerfassung auf Satzebene)				4	
	2	... Sätze sinnerfassend erlesen und auf ihren Wahrheitsgehalt prüfen.				5	
Test 3 Seite 13 nach G g	3	... Lückensätze mit richtigem Verb aus einer Auswahl schriftlich vervollständigen (am Satzende).				4	
	4	... einen Satz unter Anwendung der Abschreibregeln (LeMeSchKo) richtig abschreiben.				4	
	5	... einfache lauttreue Begriffe frei verschriften.				4	
Punkte Test 3						21	
Test 4 Seite 14 nach V v	1	... Satzfragmente aus einer Auswahl nach Bildvorgabe einander richtig zuordnen. (Sinnerfassung auf Satzebene)				4	
	2	... Sätze sinnerfassend erlesen und auf ihren Wahrheitsgehalt prüfen.				5	
Test 4 Seite 15 nach V v	3	... Lückensätze mit richtigem Verb aus einer Auswahl schriftlich vervollständigen (im Satzinnern).				4	
	4	... einen Satz unter Anwendung der Abschreibregeln (LeMeSchKo) richtig abschreiben.				4	
	5	... nicht lauttreue Begriffe frei verschriften.				4	
Punkte Test 4						21	
Gesamtpunktzahl						94	

Deutsch mit Olli 1

Testheft zum Leselehrgang mit Grundschrift

Erarbeitet von: Anja Tiedje und Annett Zilger – **Illustrationen von:** Manuela Ostadal, Petra Eimer (Papageien, Daumen S. 12, 14) – **Umschlaggestaltung:** Corinna Babylon und Jule Kienecker, Berlin
Layout und technische Umsetzung: Michaela Müller, Corngreen GmbH, Leipzig

Dieses Heft ist Bestandteil des Arbeitshefts START zu „Deutsch mit Olli 1" (ISBN 978-3-06-084637-5) und nicht einzeln bestellbar. Es kann im 10er-Pack nachbestellt werden (ISBN 978-3-06-084995-6).

220050154

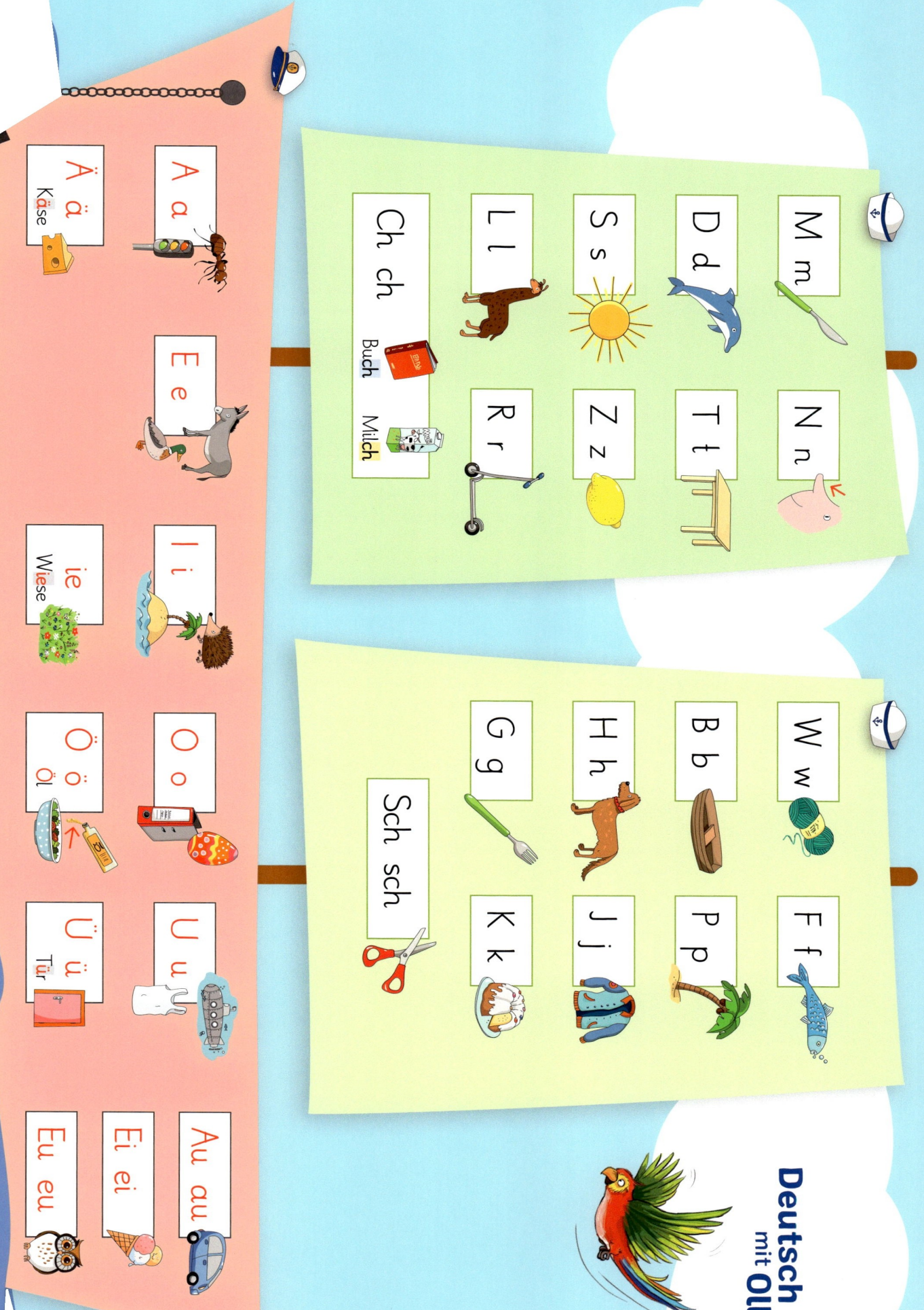

A a
Ä ä
Käse
E e
I i
ie
Wiese
O o
Ö ö
Öl
U u
Ü ü
Tür
Au au
Ei ei
Eu eu

M m
N n
D d
T t
S s
Z z
L l
R r
Ch ch
Buch
Milch

W w
F f
B b
P p
H h
J j
G g
K k
Sch sch

Deutsch mit Olli 1

St st — Katze — tz — Pf pf — C c

Sp sp — Fuß — ß — V v — Sack — ck

Qu qu

X x — Taxi — Ring — ng

chs — Fuchs — Schrank — nk

Y y — Yacht — Baby — Pyramide

F f — P p — J j — K k

W w — B b — H h — G g — Sch sch

M m — N n — T t — Z z — R r — Milch

D d — S s — L l — Buch — Ch ch

Au au — Äu äu — Mäuse — Ei ei — Eu eu

U u — Ü ü — Tür

O o — Ö ö — Öl

I i — ie — Wiese

E e

A a — Ä ä — Käse

Illustrationen: Manuela Ostadal, Petra Eimer (Papagei),
Euro-Cent: Cornelsen/Manuela Ostadal/Deutsche Bundesbank, Luc Luycx aus Belgien